楽しい考古学

——遺跡の中で見る夢

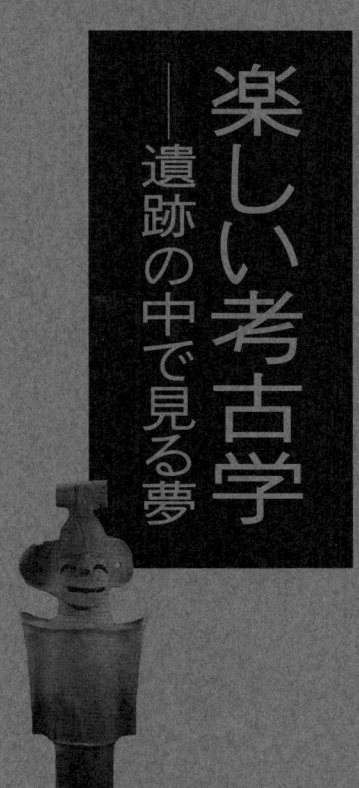

石野博信

大和書房

■ 縄文晩期、亀ヶ岡文化の西進 縄文晩期に多くの東北人がヤマトにやって来たことがわかる

青森県木造町亀ケ岡遺跡出土遮光器土偶（重文）
（東京国立博物館蔵　Image: TNM Image Archives　Source: http://TnmArchives.jp/）
奈良県橿原遺跡・奈良県竹之内遺跡出土の土偶と石棒
（奈良県立橿原考古学研究所付属博物館蔵，石野博信撮影）［本文p.63～参照］

■ 銅鐸の埋納

徳島市矢野銅鐸

（徳島県埋蔵文化財センター調査）

不整長方形の屋形内に埋納

（一本の柱は宙に浮く）

1：1.5の二等辺三角形の頂点に立つ三本柱を尊重し、銅鐸は低い板囲い内に埋納。埋納銅鐸の中軸線上に三角形の頂点の柱が立つ。

（原案：石野博信　模型研究制作：吉村新）　［本文p.31〜参照］

■ 未盗掘古墳—吉備と出雲

吉備・勝負砂古墳（五世紀）
墳丘内の墳丘（左偶）と石室内
（岡山大学考古学研究室提供）

出雲・中村一号墳（6世紀）
複式系横穴式石室と石屋形
（出雲市所蔵）　［本文p.219〜223参照］

■"ひぼこ"船団の出航と守護霊!

（兵庫県立考古博物館実験制作　撮影・合成：石野博信）　［本文p.216参照］

■ヒトマネ?　チンパンジーの文化とヒトの文化

（奈良県香芝市二上山博物館提供　写真合成：石野博信）　［本文p.226参照］

楽しい考古学――遺跡の中で見る夢　目次

一　動く、古代海洋民

二　銅鐸は殺されたか

七　文明開化と邪馬台国

八　大和の古墳

九 豪族と古墳

十 神話と伝承

一

動く、古代海洋民

1　邪馬台国時代、東北で北海道人と東海人が出会った

結局は九州から来たコメだった。約二千五百年前、中国、朝鮮から水稲農耕が北部九州に伝わり、やがて日本列島全体に拡まった。関西にコメが来てから数年で、関西の縄文人は東北の干魚や干肉よりもコメに魅力を感じ、東北人から九州人へと寝返った。そう気が付いて、私は叫んだ。「関西人は、オレの先祖を裏切った」と（私は東北出身です）。

関西に来た東北縄文人の多くは、北陸各地を経由しながら琵琶湖を経て来たらしい。新潟県や石川県に東北縄文人の拠点がある。

ところが最近、太平洋の荒波を越えていることが分かってきた。数年前、鹿児島県東市来町の発掘現場を訪ねたとき、プレハブのテーブルの上に東北系の縄文土器のかけらが置いてあった。懐かしい感じがして、「最近、誰か東北の人が来たのですか」と聞いたら、「別に、どうしてですか」と言う。

「ここに東北の土器があるから」と言ったら「コレ、ここで出たんです」と言う。

びっくりして改めて手に取って見ると、土の感じも文様も、昔、宮城県石巻市の沼津

日本列島北端の卑弥呼？
（宮城県石巻市内）

貝塚で拾った土器と全く同じだと感じた。三千年前に東北人が鹿児島に来ていたのだ。「他に県内では、どこにありますか」と聞いたら、「種子島から完全な東北系土器が出ていますよ」に二度びっくり。その後、高知県土佐市の海岸部からも出て来た。

そこで考えた。我が東北人はいったん関西の貿易拠点であるヤマト・橿原に入り、そこから在ヤマト東北人の案内を受けて大阪湾から土佐を経て薩摩に到着したのではないか、と。この辺りは夢に近いが、現実に東北産の縄文土器が出ている以上、東北海洋民の活躍があったに違いない。

石巻市新金沼遺跡から邪馬台国時代・三世紀の住居群が出てきた。その中に北海道系の土器（後北C2・D式）と東海系（愛知県地方）の土器があった。仙台平野の北海道系土器は古川市付近に多く、北上川をさかのぼると岩手県盛岡市付近にもある。北海道系土器には動物の毛皮を鞣《なめ》すための石器が一緒に出ることが多い。北海道人は熊の毛皮などの交易に来ていたようだ。

東海系土器をよく見ると、東海産そのものではなく、関東各地の東海系土器に似ていることが分かってきた。東海の愛知・三重県辺りから関東の東京湾沿岸にやって来た人々の二世か三世が、関東で作った「ふるさと系土器」を持って北上川河口にたどり着いたのだろう。そこで北海道人と出会い、一部の人々は熊の毛皮などを手に入れて関東に戻り、数年後には東海に帰る人々もあったろう。

東北から東海に帰った人々の情報が、大和を通じて中国の都まで伝わっていたかも知れない。こんな夢が真かどうか、石巻市内でみかけた占師「卑弥呼」の館で聞いてみたらどうだろう。

2 日本海美人と港津

秋田・新潟・石川（金沢）・京都……。世間では、日本海沿岸の一県おきに美人産地があるという。太平洋岸では、あまり聞かない。

なぜだろう。それも東北・北陸に偏って。地図を拡《ひろ》げると、秋田—八郎潟、新潟—（古潟）、金沢—河北潟、京都（丹後）—久美浜湾など、一県おきに良港が眼につく。港には、ヒトやモノが集まり、血が混じる。血が混じると賢くなり、美しくなるという。それだけなら、東京や大阪は美人だらけのはず。大阪は難波宮以来だからともかく、東京は江戸以来だから血の混じり方が不足か。そうなると金沢や京都も、城下町だからとか、都があったからだけで美人が生まれるわけではなさそうだ。

ヒントは秋田美人の〝餅肌〟の中にありそうだ。餅肌とは、白い肌できめこまかく、つややかだという。モンゴロイドだけの血ではこのような〝作品〟は生まれそうにない。対岸のロシア人がリマン海流に乗って港々にやって来たのではないか。ロシア人の肌がきめこまかいとはあまり聞かないので、和と露の合作の成果だろうか。

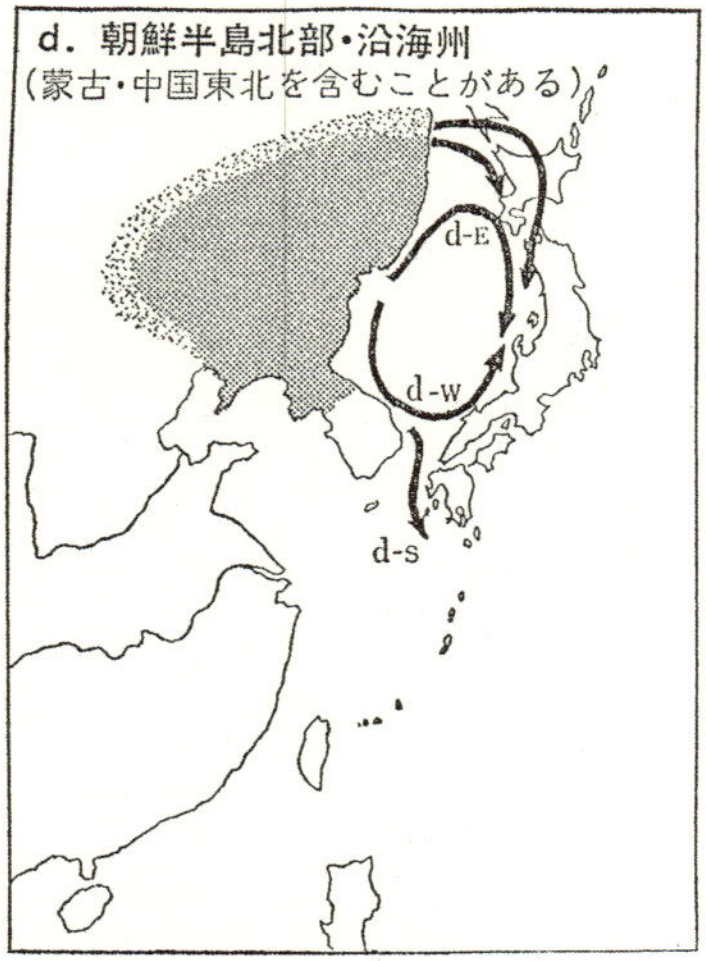

日本海沿岸の文化伝播ルート　（森浩一編「古代日本海文化」小学館刊 より改変）

もしそうなら、その痕跡はあるだろうか。二〇年ほど前、森浩一さん（同志社大学名誉教授）が中心となって古代日本海文化シンポジウムが開かれたとき、ロシアのデレビヤンコ博士が「日本の弥生土器、とくに遠賀川式土器はシベリアのポリツェ土器の影響によって生まれたのではないか」と指摘された。私はその時、会場から否定的なコメントをした。しかし、その後、シベリア沿海州のザイサノフカ遺跡で遠賀川式土器に先行する類似土器が分かり、北方文化の影響が考えられるようになった。

さらに、北海道静川16遺跡の縄文中・後期の環濠《かんごう》集落や秋田県地蔵田遺跡の縄文晩期末の環柵集落も本州島の縄文社会にはない要素であり、明らかに北方文化の影響下に生まれたものである。それだけではなく、北海道や東北の縄文前・中期の遺跡出土のアワ・ヒエ・ムギなどの雑穀は関東以西より古く、北方雑穀文化をいち早く受け入れた結果らしい。

日本海沿岸の北方的要素を拾っていくと、青森県今津遺跡や同富ノ沢遺跡の縄文晩期の中国東北部系鬲《れき》形三足土器、山形県三崎山遺跡の縄文後期の青銅刀、同中川代遺跡の有孔石斧《せきふ》や新潟・富山・石川・福井各県の縄文・弥生のアワ・ヒエなど数多い。

日本の古代文化は、中国・韓国を中心とする西からの影響が強調されているが、今、北からの視点が注目されている。

3 金印と中平銘鉄刀——海洋民ワニ氏の動向

一九九四年（平成六）十一月二十二日、久しぶりに福岡市志賀島《しかのしま》を訪れた。金印の志賀島〃は何度か訪ねていたが、いつも陸路・海の中道経由だったので、今回は博多港から船で四十分、金印を運んだ人の気分で海から陸を眺めた。

金印は、よく知られているように、西暦五七年に九州北部の奴《な》国王が漢の光武帝から下賜されたもので、どういうわけか、王墓のある須玖《すぐ》遺跡群（福岡県春日市）付近ではなく、博多湾頭の志賀島に埋められていた。

他方、中平銘鉄刀は、海のない奈良県天理市東大寺山古墳から出土した。「中平《ちゅうへい》」とは、後漢霊帝の年号で西暦一八四〜一八九年に当たる。まさに、「桓霊《かんれい》の間、倭《わ》国乱る」の時であり、乱をおさめるために登場した倭国女王、ヒミコと一致する。

数年前、東大寺山古墳の埋葬施設の図面を見ていて、「変だな」と感じはじめた。中平銘鉄刀が他の刀剣類と一緒に棺外に置かれていた。ヒミコ即位を記念して漢の皇帝から賜られたであろう刀が、何故《なにゆえ》、棺外なのか？　刀の製作年代と古墳の築造年代には二百年近

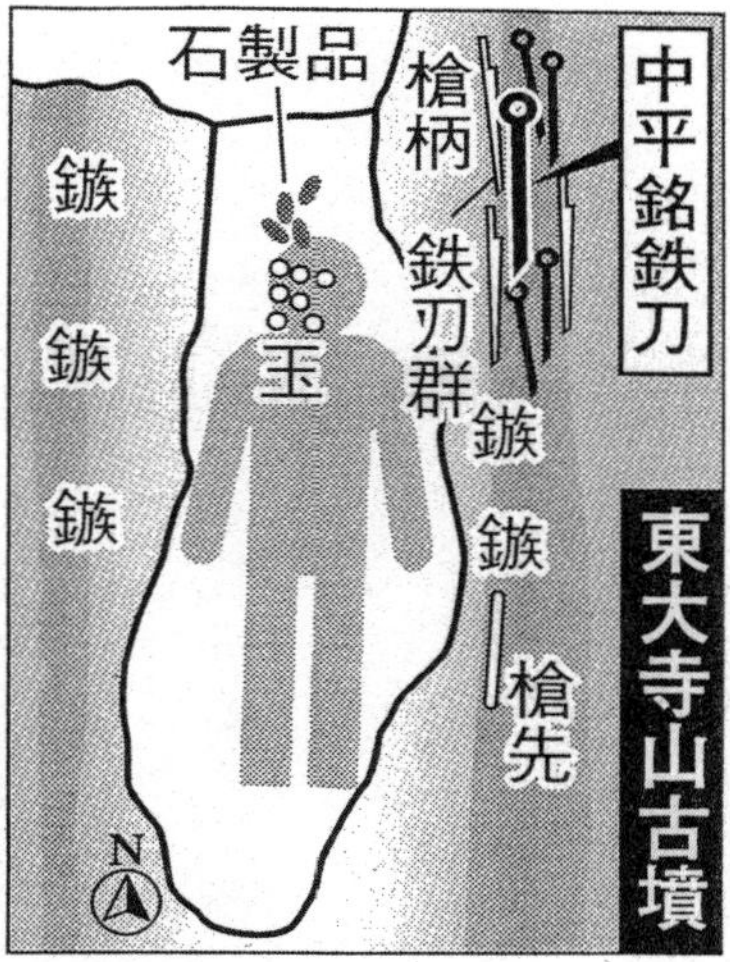

中平銘鉄刀出土の東大寺古墳

い年代差があるため刀の大事さが忘れられたのか、あるいは、最初から刀とヒミコには何の関係もないのか？

漁業には、ツリ、ヤス、モリを使う海民的漁業とアミを使う農民的漁業があることは民俗学の分野からも指摘されている。そして、東大寺山古墳の大型鉄鏃《ぞく》はモリであり、中平銘鉄刀の鳥文飾りの環頭のデザインは弥生後期の対馬シゲノダン遺跡の二つの鳥の首をつけた武器の金具に先例がある。

東大寺山古墳のある場所は、岸俊男氏の指摘される通りワニ氏の地域である。そうであれば、ワニ氏の出自が北部九州であることも十分に考えられる。こう考えると、天理市東殿塚古墳の埴輪《はにわ》に描かれた大型船の意味も解けてきそうだ。

海洋民は、船は大事にするがモノにはこだわらないという。「宵ごしのゼニは持たん」のは農民よりは海洋民だろう。功労者に超貴重品として下賜したつもりの中平銘鉄刀も、海洋民にとっては棺外にバラリと置くだけの意味しかなかった。

金印もまた、海洋民・奴国王にとっては志賀の海人《あま》にあずけ、湾頭の〝灯台〟の役がふさわしいと思ったのだろう。

「親魏倭王」印
藤貞幹『好古日録』(『共に～女子を立て――卑弥呼政権の成立』滋賀県立安土城考古博物館, 2002より)

4 古代ヤマト人の海外雄飛——桜井市ホケノ山古墳のヒント

二世紀の奴国王（博多湾岸）は、中国（漢）とさかんに貿易を行い、ついに「金印」を受けた。三世紀の倭国王卑弥呼も中国（魏）に使節を派遣し、絹織物や銅鏡とともに「親魏倭王」の金印を賜った。五世紀の倭の五王も、七・八世紀の大和政権も同様に中国との外交・貿易に熱心であった。

五世紀と七、八世紀のヤマトの宮都は、およそ奈良盆地であるが、三世紀の宮都・邪馬台国の位置は定まらない。邪馬台国が奈良盆地ではないとしても、そこには三世紀の列島最大級の古墳が集中しているのは事実であり、四世紀に継続する。

これら三世紀の古墳に葬られたヤマトの豪族たちは、どのようにして海外貿易を進めたのだろうか。船もなければ船長も水夫もいないのに。その謎にヒントを与えてくれたのが橿原考古学研究所と桜井市教育委員会が調査を行った桜井市ホケノ山古墳である。

ホケノ山古墳は、箸中山古墳（箸墓）の東二〇〇メートルにある全長八〇メートルの長い突起の付いた円墳＝略称・長突円墳（前方後円墳）である。現れた埋葬施設は意外な構

古墳早期（３世紀）の木槨墓（奈良県ホケノ山古墳復元模型，橿原考古学研究所）

造であった。

幅二・七メートル、長さ七メートルの長方形の木室をつくり、その中に木棺をおさめた。木室のまわりに丸石を積みあげ、さらに木室の天井の上にも丸石を積んだらしい。四世紀の長突円墳の埋葬施設は、普通、扁平《へんぺい》な石を横に積んだ幅の狭い（約一メートル）竪穴石室である。ホケノ山古墳は、丸石である点、幅広の点で変わっていた。

二、三世紀の丸石積の竪穴石室は、播磨・吉備・阿波で知られていたがみんな幅が狭い。ところが阿波の鳴門市萩原一号墳だけは幅三メートルでホケノ山古墳に近い。その上、萩原一号墳にはホケノ山古墳と同じ画文帯神獣鏡が出土している。ホケノ山古墳との違いは、萩原一号墳が積石塚である点である。

ホケノ山古墳被葬者は、阿波の出身者かもしれない。そういえば、ホケノ山古墳を含む纒向《まきむく》遺跡から三世紀の阿波系土器が比較的多量に出土しているのは、阿波の海洋民が大和に沢山来ていた証拠だ。

阿波海洋民は瀬戸内航路を担当し、ヤマト政権の海運を担ったのではないか。つまり、女王卑弥呼が派遣した使節である難升米《なしめ》や牛利《ごり》と同じ役割を果たした。その功に感謝し、ヤマト政権は神の山・三輪山の麓《ふもと》に彼を葬った、と考えよう。

5 海洋民と積石木室墓①

倭国の女王・卑弥呼は二四八年頃、死亡した。ほぼ同じ頃、大和の神山・三輪山の麓《ふもと》に築かれたのがホケノ山古墳である。今回、橿原考古学研究所と桜井市教育委員会の調査によって、埋葬施設や副葬品が明らかになった。その内容から、邪馬台国の時代をのぞいてみよう。

従来、長突円墳（前方後円墳）が出現するのは三世紀末・四世紀以降で、古墳時代もそこから始まると考えられていた。従って三世紀の邪馬台国は弥生時代であり、教科書でもそう書かれている。ところが、ホケノ山古墳は三世紀中葉の長突円墳である。

私が言いたいのは、邪馬台国の時代にすでに長突円墳があった、ということである。ホケノ山古墳を古墳と認めず、「弥生墳丘墓」とか「前方後円形墳丘墓」と呼ぶ人があるかもしれない。しかし、どのように呼びかえても、三世紀中葉に長い突出部をもつ円丘墓があるという事実は変わらない。

さらに私は、以前から纒向《まきむく》石塚古墳（全長九三メートル）は三世紀初めまでさかのぼる

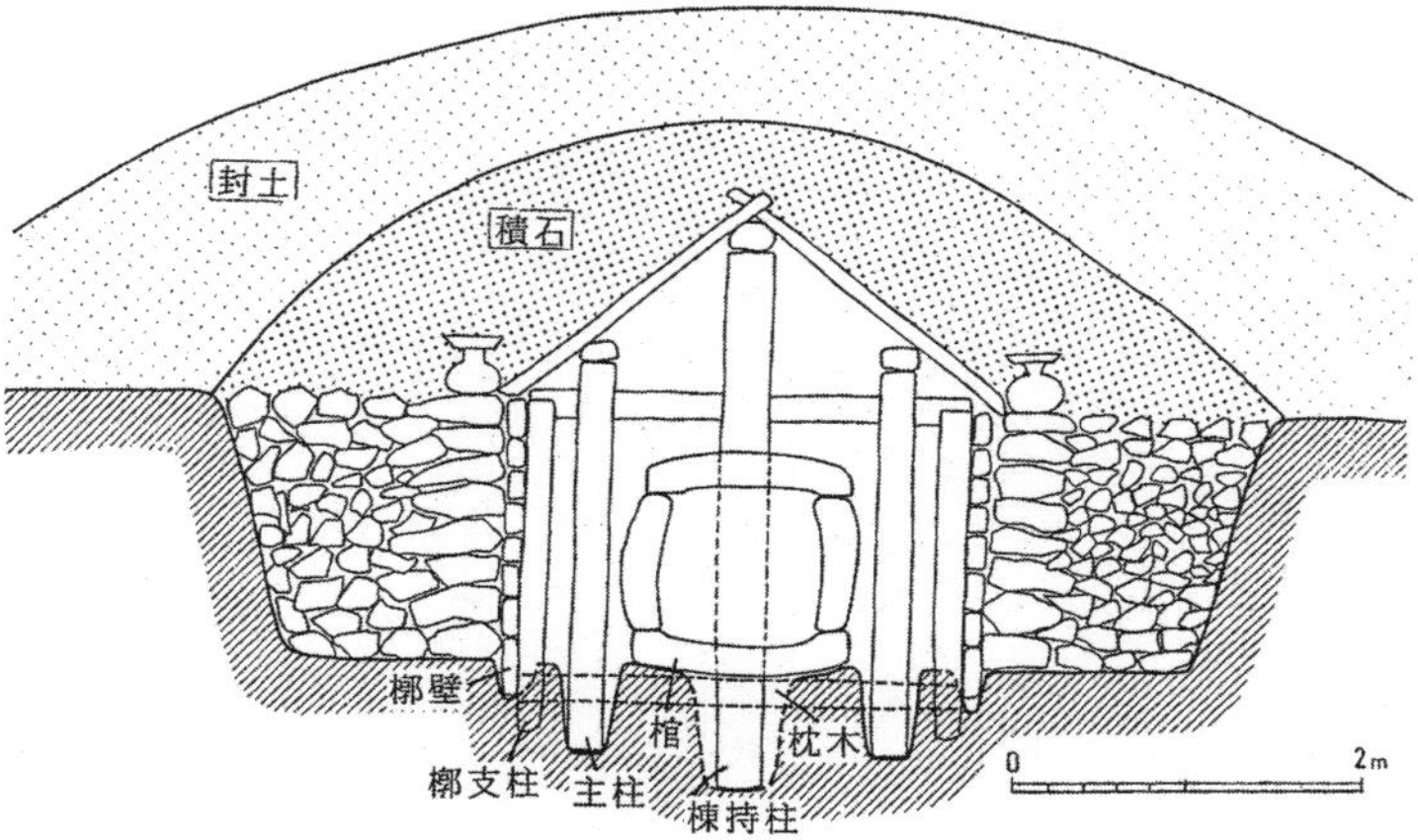

墳丘内の家形木槨復元（ホケノ山古墳）

長突円墳だと主張しているし、長突円墳の時代は二世紀末の卑弥呼の登場とともに始まっていた可能性が大きい。

ホケノ山古墳の埋葬施設は、大和で初めての形態である。木棺のまわりに長方形の木室を設け、その外と上に石を積み重ねる。下も厚いバラス敷きなので、大きな箱がすっぽり石で包まれ、その中に柩《ひつぎ》が収められているような形態である。仮に「積石木室墓」と呼んでおこう。

これに類似する例は、中部瀬戸内地域にある。二世紀末の岡山県倉敷市楯築《たてつき》古墳（全長八〇メートル余の中円双方墳＝弥生墳丘墓とも呼ばれる）や、三世紀中葉の徳島県鳴門市萩原一号墳（全長二六・五メートルの積石長突円墳）などである。楯築の場合は木室も小さく、積石も上部だけだが、萩原一号墳は形態・規模をはじめ、木室のまわりに壺を配置する点までホケノ山古墳と同じだ。そのうえ、楯築古墳は吉備型の特殊器台（埴輪《はにわ》のルーツ）をもつが、ホケノ山古墳と萩原一号墳はもたない。積石をもたない木室墓は、日本海沿岸の島根県や京都府北部にあるが、ホケノ山古墳との直接の関係は認めにくい。

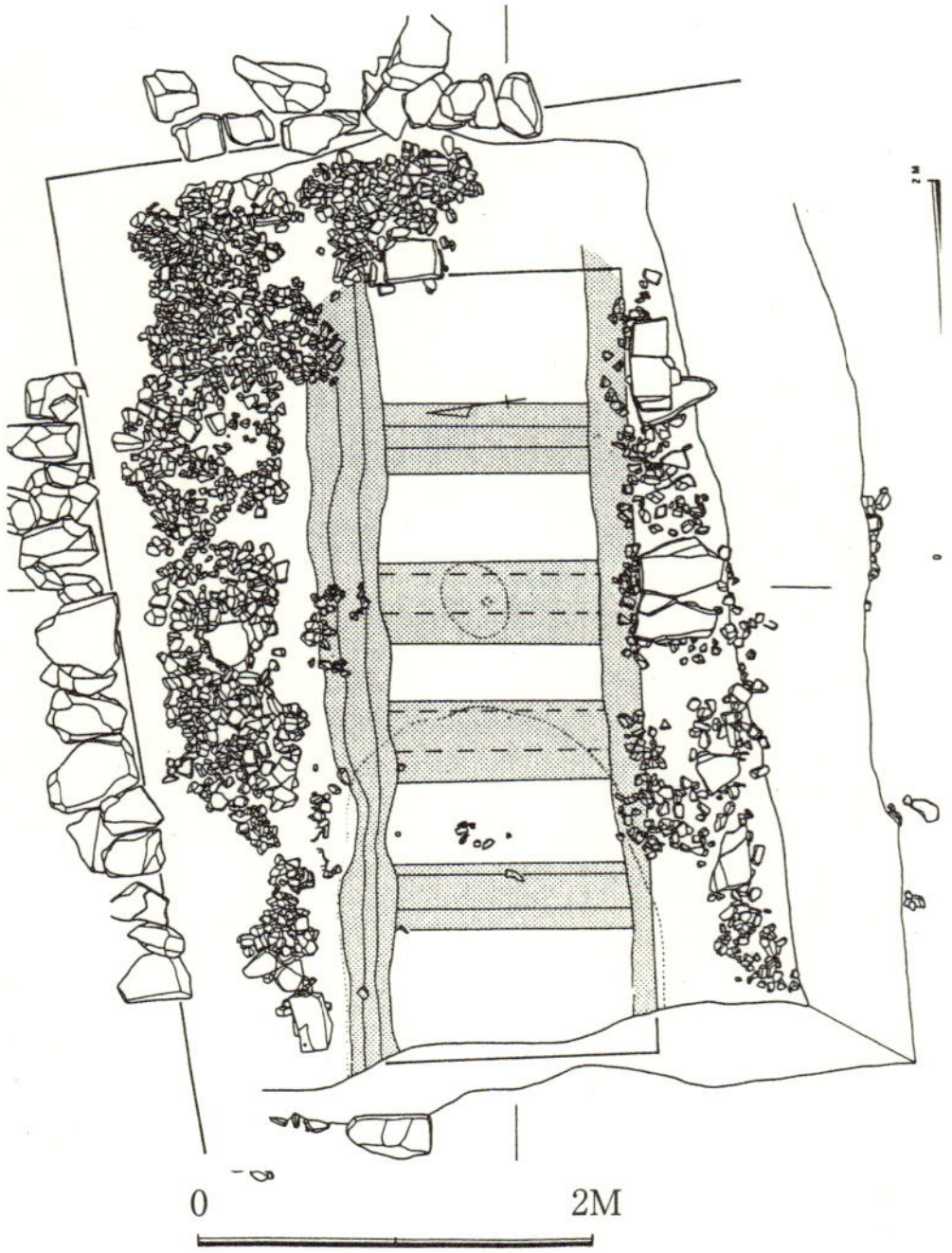

三世紀の積石木室―徳島県鳴門市萩原１号墳
（菅原康夫「萩原墳丘墓をめぐる諸問題」『前方後円墳を考える』古代学協会四国支部,2000）

6 海洋民と積石木室墓②

三〜五世紀の朝鮮半島には大型の木室墓や石室墓がある。新羅の王陵・皇南大塚の木室墓は大きすぎて比較にならないが、伽耶《かや》には三〜四世紀でホケノ山古墳と同規模のものがある。中でもオルドス型銅鍑《どうふく》（銅バケツ）を伴う金海市大成洞や釜山市福泉洞の古墳群で推定されている丸太や角材の横積木室墓は重要な参考になる。

丸太・角材横積木室墓は、北方ユーラシアの遊牧民文化につながる葬法で、日本列島では未検出である。

ホケノ山古墳からは三世紀初めの新式鏡である、画文帯神獣鏡と内行花文鏡片が出土した。二世紀末に登場した女王卑弥呼は新宗教「鬼道《きどう》」を信奉した。新式鏡が濃密に分布する香川・徳島・奈良・京都はその地にふさわしい。あるいは卑弥呼に関連づけなくても、三世紀中葉の近畿内陸部と四国東北部の強い連携は指摘できる。

ホケノ山古墳の被葬者は、三世紀中葉に全長八〇メートルの長突円墳を築き、香川・徳島との関連が想定される積石木室に画文帯神獣鏡を伴って葬られた。

北アジア系の銅鍑（甲敬澈・金宰佑「金海大成洞古墳群Ⅰ」慶星大学校博物館,2000）

三世紀中葉の全長八〇メートルの長突円墳は、同時期の発掘された古墳では列島最大である。ただし、未発掘の古墳では三世紀後半の奈良県箸中山古墳（箸墓）を除いても、中山大塚古墳をはじめ全長一二〇メートル級の長突円墳は三基余り推定できるので、最大級の人物を被葬者に当てることはできない。

香川・徳島は稲木遺跡をはじめとして一・二世紀以来、積石塚類似遺構が集中する地域であり、三、四世紀の積石長突円墳へと発展する。箱式石棺上に積石をもつのは、一、二世紀の長崎県など海岸・島しょ部にみられ、朝鮮半島南岸に連なる。つまり、香川・徳島の積石塚と積石木室は海洋民の葬法と推定できる。それではなぜ、それが大和にあるのか。

三世紀の大和にとって、中国・朝鮮との外交・貿易は重要であり、そのためには海洋民の協力が必要であった。その役割を果たしたのが香川・徳島の海洋貿易民であった。もし、邪馬台国が大和にあったとすれば、『魏書』倭人条の遣魏使「難升米《なしめ》・都市牛利《としごり》」のような人物が想定できる。

韓国の木槨墓―韓国金海市福泉洞古墳（福泉洞博物館復元　石野撮影）

7 河内・松岳山古墳の穿孔立石は船の竪板か

大和川が河内に出てすぐの丘の上にある松岳山古墳に奇妙な石が2本立っている。松岳山古墳は四世紀の全長一三〇メートルの長突円墳（前方後円墳）で、古市古墳群成立前の前期古墳として注目されている。円丘部に竪穴石室があり、石室内の祖型長持形石棺の両端に幅一・四メートル、高さ一・八〜二・三メートルの板石が立ち、板石の上部には径三〜一〇センチの穴があけられている。一九五七年の小林行雄氏による調査以来、多くの人が注目している立石であるが、その機能については名案がない。

二〇〇六年一二月二七日、中村弘（兵庫県立考古博物館準備室）と但馬へ向う車中でハタと気がついた。但馬の袴狭《はかざ》遺跡の板に描かれた四世紀の船団の一艘を実物大で復元製作中の尾崎造船所に向かう途中、復元の根拠となる出土船材や船形埴輪の竪板をみながら私は中村に聞いた。「実用の木造船に竪板は必要だろうか。尾崎さんはどう言ってる？」「要らん、と言うてはる」「竪板は船で戦うときの盾やないか」と。中村は続けて「高廻り二号墳の竪板の上部の凹型の切り込みは盾の後から敵を見るためのものやそうだ」と。

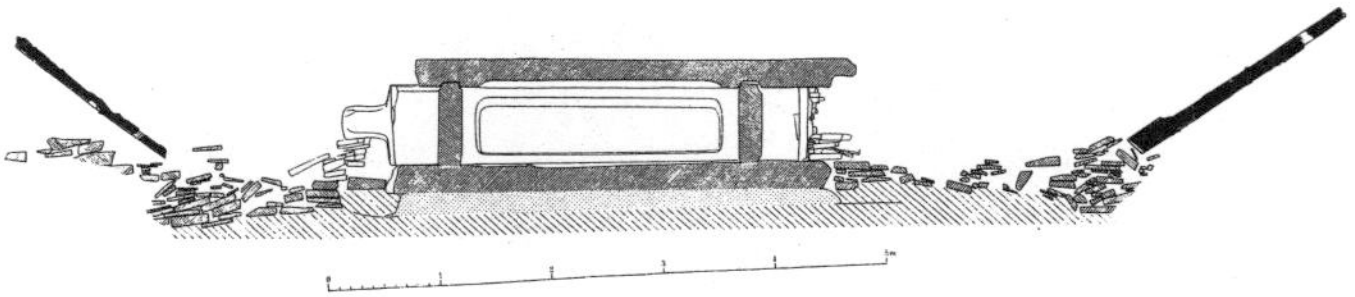

石棺の両端に立つ「船の竪板」—大阪府松岳山古墳（小林行雄『松岳山古墳の研究』大阪府教育委員会）

その時、眼からウロコ！　たちまち松岳山古墳の二枚の立石の穴を思い出した。そして「松岳山古墳の二枚の立石に穴があるやろ、あれも同じやナ」とつぶやいた。つぶやきながら船の竪板を意識した竪穴石室と讃岐の石材を運びこむ海とのつながり、松岳山古墳の被葬者は海洋民と連想した。

そして今、奈良への帰途の車中でこのメモをとりながら連想は拡がり、同じ山から出土している飛鳥時代の「船王後」墓誌へととんだ。船氏は欽明朝に船長（ふねのつかさ）となり、船史の氏姓を賜った渡来系氏族である。船王後は敏達朝に生まれ、推古・舒明朝に仕え、舒明一三年（六四一）に歿して先祖の墓域である松岳山に葬られた。

松岳山古墳とは二五〇年余の開きがあり、直接の関係は考え難いが「船つながり」で連想が拡がった。さらに、松岳山古墳に接している茶臼塚古墳は高い階段状石積による積石塚的であり、連想は積石塚の故郷である朝鮮半島にとどきそうだ。

二

銅鐸は殺されたか

8 異常埋納① 佐賀・吉野ケ里

「佐賀県吉野ケ里遺跡から銅鐸《どうたく》が出た。大きさ二五センチ余」と聞いた時、「本当かな」と一瞬耳を疑った。普通の大きさの銅鐸が九州から出るわけないだろう、という思いとともに、事実なら一体いつ埋めたのか、という、埋納時期についての思いが交錯した。

資料が送られてきて、銅鐸は横帯文をもつ古いタイプであること、出土地点は外濠《そとぼり》の北端から、さらに五〇〇メートルほど離れていて、穴の中に逆さに立てた状態で埋められていたことが判明した。埋納の時期は古墳時代初頭らしいことなどが分かったが、紀元前一〇〇年頃につくられた銅鐸が、紀元後二〇〇年頃まで使い続けられていたことは大きな驚きだった。

奈良県桜井市大福遺跡や大阪府八尾市跡部遺跡など近畿では、発掘調査によって二〇〇年頃に銅鐸が埋納されていることが分かっていたが、北部九州でも同じなのだろうか。私はこれまで、少なくとも二世紀は北部九州は銅鉾《どうほこ》社会で近畿が銅鐸社会だと考えていた。はじめに銅鐸をつくったのが北部九州であったのは間違いない。佐賀県鳥栖市安永田遺跡をはじめとして、北部九州には古式銅鐸などの鋳型が出土しており青銅器生産技術の早さを示していた。そのルーツは朝鮮半島の小銅鐸であり、実用品として使用されていたように思われる。それを大型化し、集落共有の、クニグニの祭器につくりかえたのが近畿弥生社会であった。その後北部九州は銅剣・銅鉾をクニグニの祭器とする社会へと進展した。その中で、今回の発見が示すように、祭器として古い銅鐸を使い続けていたクニが北部九州にあったのだ。

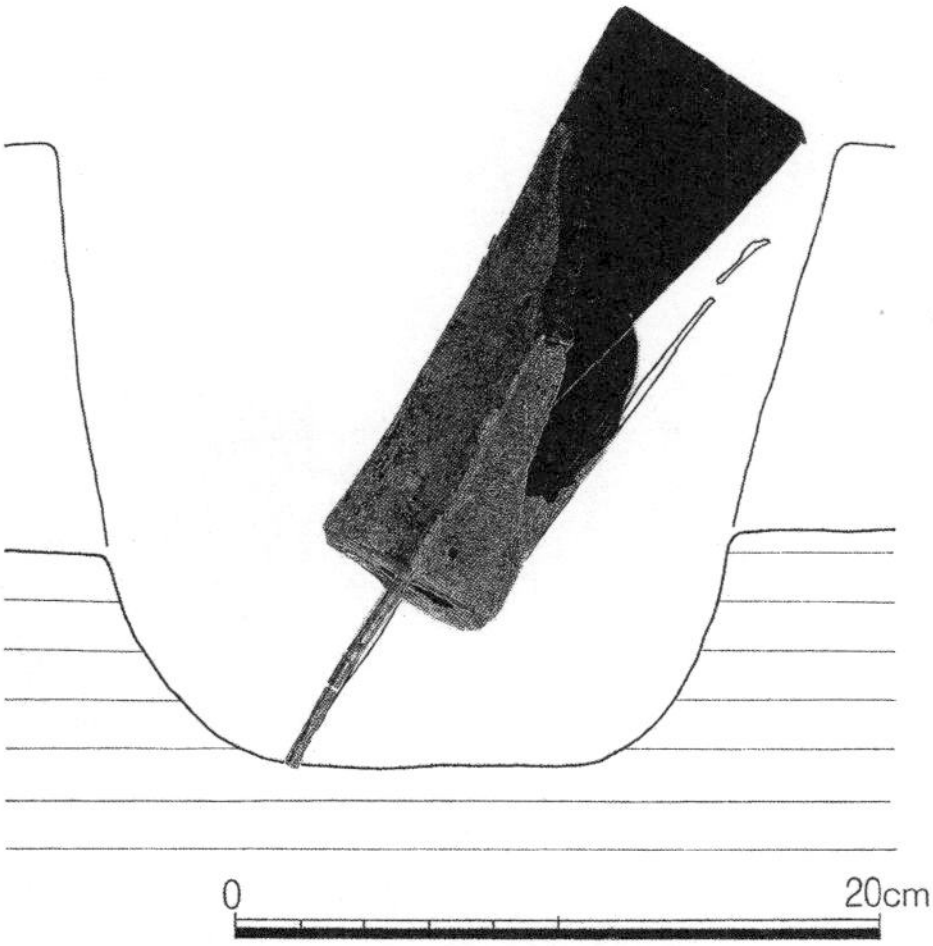

銅鐸の倒立埋納（佐賀県教育委員会編「吉野ヶ里銅鐸」同発行：2002年から合成）

埋納法に関しては、近畿弥生社会の銅鐸は、普通、横にしてヒレを立てて埋納している。埋納状況が分かるすべての銅鐸がそうである。以前から不思議に思っていたのは、北部九州の広形銅鉾も、横にして刃を立てて埋納していることであった。両地域の祭器の形は全く違うのに、埋納方法に共通性があるのはなぜだろうか。中国遼寧省南山裡郭家屯遺跡では約十本の銅剣を大石の下に横たえ、刃を立てて埋納しているが、その状況を参考にすると、埋納方法のルーツもまた中国・朝鮮にあることが分かる。だからこそ、西日本一帯に同じ埋納法が広まったのだろう。

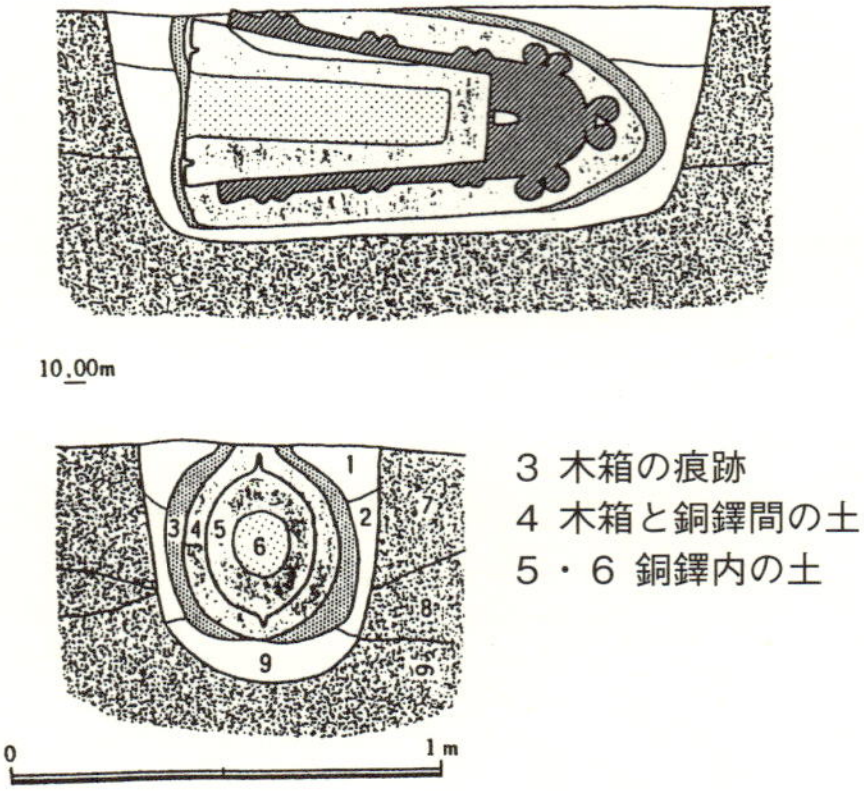

銅鐸の埋め殺し—徳島市矢野遺跡

9　異常埋納②　愛知・八王子

銅鐸《どうたく》の多くは横にしてヒレを立てて埋めているのに、吉野ケ里では片面を壊して穴の中に倒立させる格好で埋めていた。他の地域とは違う、いわば異常な埋め方は、銅鐸埋納時に異常な事件がおこったからではないか。

銅鐸を壊して埋めている例が、兵庫県日高町久田谷遺跡にある。新しいタイプの銅鐸を五〜一〇センチ余の破片にたたき割り、まとめて穴に埋めていた。これほどすさまじい例を目の当たりにすると、徳島県鴨島町牛島鐸のように区画文の中が割られて穴があいているのは、後世の出来事ではなく、同時代の弥生人の仕業と思えてくる。このほか、東海から西日本の集落遺跡から銅鐸飾耳の破片が出てくることが多い。一九九五年、愛知県一宮市の八王子遺跡にも倒立埋納の銅鐸が現れた。八王子遺跡は二世紀後半の「都市」だが、銅鐸はそれより前の前一世紀頃に埋められていた。佐賀平野には東海系土器が出土しており、両者の間に何かがおこっていた。

銅鐸はなぜ壊されたのか。銅鐸は弥生時代の祭器である。とくに破壊された二世紀段

愛知県一宮市の八王子遺跡から出土した倒立埋納銅鐸（愛知県埋蔵文化財センター提供）

階は、近畿弥生社会のクニグニの祭器であった。それを壊すということは、近畿弥生社会の「カミ」を否定するということである。壊さない場合も、徳島市矢野遺跡や奈良県大福遺跡のように銅鐸の中に土をつめこみ、さらに外も土で包みこんで埋めている様は、まさに古いカミの封じ込めである。古いカミを否定し、封じ込めるのは、新しいカミを迎えるためであろう。

祭器の破壊や封じ込めによる古いカミの否定は、北部九州でも行われていた。福岡県春日市辻田《つじばたけ》遺跡の広形銅鉾《どうほこ》の破壊、北九州市重留遺跡の広形銅鉾の封じ込めなどの例があり、そして今回の吉野ヶ里遺跡の銅鐸破壊と異常な倒立埋納である。

二世紀末の一八〇年頃には、倭《わ》国の女王・卑弥呼が新宗教「鬼道」とともに登場する。女王卑弥呼は、長い間つづいた戦乱を収めるために、倭国連合の王たちが「共立」したのである。卑弥呼の時代になると、銅鐸を使った祭祀《さいし》はすたれ、代わって「鬼道」にかかわる銅鏡が重要視されたと考えられる。女王が住み、倭国の中心地だった邪馬台国が日本列島内のどこにあったとしても、倭のクニグニでは古いカミを否定しなければならなかった。それが「共立」の条件であったかもしれない。

吉野ケ里を含む、北部九州から東海に及ぶ弥生青銅祭器の破壊と封じ込めの痕跡は、まさに二、三世紀の倭国の範囲を示しているといえるのだ。

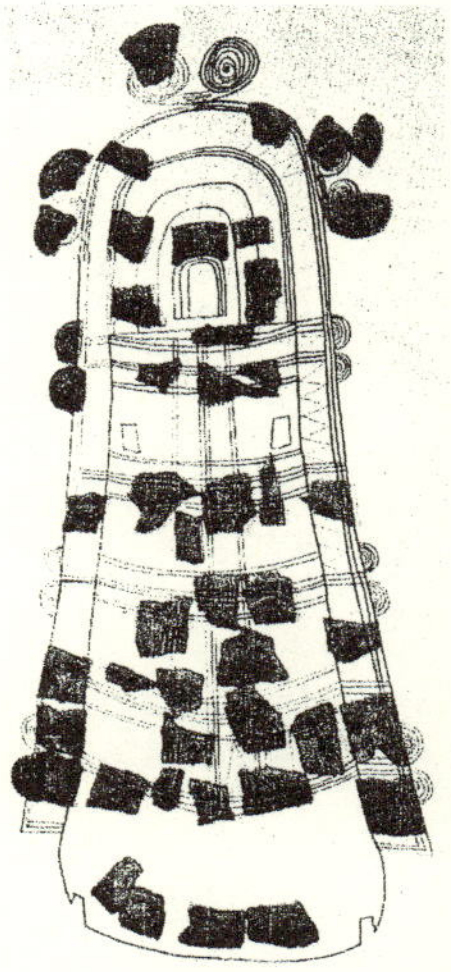

破砕銅鐸―兵庫県豊岡市久田谷遺跡（文化庁蔵，日高町教育委員会提供）

10 島根・加茂岩倉の39個

一九九六年十月十五日の各新聞で、「銅鐸39個出土は、一カ所で最多」などと報道され、後日には「銅鐸祭祀《さいし》、出雲が中心？」と発展した島根県加茂岩倉遺跡。調査が進むにつれて銅鐸の数が増え、ついに三十九個となった。

私が現地に立ったのは十一月十一日で、ほとぼりが冷めた頃を狙ったつもりだったが現地には報道陣が待ち構えていた。臨時の駐車場に車を止めると、そこには地元の人たちのテントがあり、記念絵ハガキが販売されていた。

早速買って中を見て驚いた。草の上に置かれた四個の銅鐸の一つには〝土がぎっしり詰まったままだ〟と思った。現地に着いて、まだ現地にある銅鐸と周りの土砂を確かめて、担当の方々に銅鐸内の土砂の入り方をお聞きしたが、確認はこれからという感じだった。

これより前、一九八五年に奈良県桜井市大福遺跡で、桜井市の萩原儀征さんが埋納されたままの銅鐸を見つけた時のことを思い出した。数日間二人で調査してようやく銅鐸を取り上げた時、銅鐸内にはぎっしりと土が詰まっていることが分かった。これは自然に入っ

土を詰め込んだ銅鐸ー島根県加茂岩倉遺跡（『古代出雲文化展』島根県教育委員会、朝日新聞社）

た土ではなく、銅鐸を埋納する時に土を詰めたに違いないと考えた。

〝何のために〟と考えた時に、福岡県春日市西平塚D25号墓遺跡に土を充満した木棺があったことを思い出した。棺内に土砂を充填《じゅうてん》するのであれば、土砂を充填した銅鐸は柩《ひつぎ》であり、銅鐸に象徴される弥生の神は死んだか、あるいは殺されたのではないか？　加茂岩倉の三十九個の銅鐸は入れ子が多く、土が充填されているとは限らない。しかも、さきほどの絵ハガキをよく見ると銅鐸内の土と見えたのは入れ子の銅鐸らしい。しかし『古代出雲文化展』によれば土砂が充満した銅鐸があることも事実である。徳島市矢野の例では、木枠に銅鐸を入れ、鐸の内外に土砂を充填して埋納したと推定されている。

他方、一九六四年に立ち会った神戸市神岡桜ケ丘の十四個の銅鐸内面には土砂が斜めに流入した痕跡が数多く認められ、意図的に土を詰め込んだ痕跡はなかった。

とかく銅鐸埋納法はさまざまであったようだ。

弥生の神々は、ある場合には殺され、ある場合には労をねぎらわれたのだろうか？

埋納銅鐸内の充填土―奈良県桜井市大福遺跡（桜井市教育委員会調査　石野撮影）

11 祭殿の銅鐸

讃岐には国宝に指定されている絵画銅鐸《どうたく》がある。おそらく弥生社会の「神話」が描かれているのだろう。そして、二世紀末から三世紀はじめ頃、突然、銅鐸は壊され、埋められて、姿を消した。紀元前二世紀、北部九州で生まれ、やがて近畿を中心として弥生王の祭器として再生した銅鐸は、古事記・日本書紀などの古典に登場することもなく、忘れられてしまった、という。

一九七八年(昭和五十三)七月十日、私はさぬき市森広遺跡を訪ねた。

調査担当者によると土砂を一メートルほど取ると弥生土器を含む土層が一面に広がり、鉄鏃(矢じり)などがある。その中に小さな銅鐸一個分が壊れて、十数メートルの範囲に散らばって出てきた、という。銅鐸片とともに出てくる土器は、当時、弥生中期後半＝西暦一世紀頃と考えられていた。私が兵庫県太子町川島遺跡の報告書を出した頃で、その中に森広遺跡とそっくりの土器があることを思い出した。報告書では「川島型甕《かめ》」と呼び、弥生土器のように見えるが古式土師器だと主張した。

高倉に宿るカミ（石野撮影、合成）

この日の見学ノートを見ると、「森広の土器は川島型。銅鐸の廃棄は川島型の時期か？　あるいは、川島型甕は、讃岐では弥生中期か後期からあるのか？」と書いている。同じページに、銅鐸包含層の土器として、近畿の三世紀の土器である庄内型甕の破片一点あり、とメモしている。

九五年十一月五日、徳島県埋蔵文化財総合センターの開館を記念してシンポジウム『弥生の精華―銅鐸に迫る』があった。私は、森浩一さんらとこれに参加し『銅鐸と前方後円墳』について報告した。この時、各地域の銅鐸の破壊と埋納の時期は、一世紀と三世紀の二度あったことを実例をあげて説明したが、森広遺跡のことは完全に忘れていた。シンポジウムが済んで、控室で広瀬常雄さん（香川県埋蔵文化財センター）の顔を見て想い出した。全国四百四十余の銅鐸のうち、破壊・埋納の時期を土器との共伴関係から確認できるたった五例のうちの一例であることを。しかも、破壊されたのは集落内の居住地区内であるらしい、という点でも徳島市矢野銅鐸と共にきわめて珍しい。もっとも、森広遺跡の場合は小型銅鐸であって、鳥取県湯梨浜町長瀬高浜遺跡（四世紀）のように祭殿にかけられていたのかもしれない。大伴家持が越中で詠んだ万葉歌にも斎殿の鐸がある。

万葉集の斎殿の鐸

左夫流児《さぶるこ》が斎《いつ》きし殿《との》に鐸《すず》掛けて駅馬《はゆま》下れり里もとどろに（四一一〇）

12 大和弥生人は保守派か革新派か——銅鐸と環濠を守りつづけた人々

大和弥生社会を代表する奈良県田原本町唐古《からこ》鍵《かぎ》遺跡は二世紀・弥生後期にムラのまわりに九重の環濠をめぐらしている。大阪平野の弥生ムラは、一世紀はじめ・弥生中期末に一斉に環濠を埋め、小さなムラムラに散って行く。古墳時代のムラには環濠がないので、大阪弥生人は時代を先取りしていたのだろうか。もしそうなら、大和弥生人は伝統を守り続けた保守派ということになる。

唐古鍵遺跡を掘り続けている藤田三郎さん（田原本町教育委員会）に、ある日、言った。

「弥生の唐古鍵ムラは田舎か？　いつまでも古いタイプを持ち続けてるナ」

「絶対にそんなことはありません。逆に、弥生文化のセンターです。」

どちらが本当でしょうか。

奈良盆地の弥生ムラは、唐古鍵だけではなく、橿原市中曽司《なかそじ》遺跡も天理市平等坊《びょうどうぼう》岩室《いわむろ》遺跡も、みな弥生後期末まで環濠を掘り続けている。唐古鍵ムラでは、さらに三世紀・庄内式期まで環濠が掘り直されている。日本列島最大の弥生環濠集落として有名な佐賀県吉野ケ里遺跡では、五〇〇×一〇〇〇メートルの環濠の中に大型建物をもつ二つの内郭《ないかく》と列島最大の弥生墳丘墓がある。唐古鍵遺跡では、中・後期の環濠内にどのような構造物があったのかは不明だ。

ところが最近、唐古鍵ムラの子村の一つと考えられている田原本町八尾九原《やおくはら》遺跡から出た一片の絵画土器が鍵を握る。土器が割れているため絵の全体像は分からないが、建物の一部が描かれている。私は図のように土器の上下を反対にして考えた。根拠は、唐古鍵遺跡の屋根の渦巻きはすべて上向きだから。渦巻きを上にして建物を復元すると窓に桟のある大型建物になる。弥生時代の窓の桟は、福岡県筑前町惣利遺跡の弥生中期が最古例で、鳥取県青谷《あおや》上寺地《かみじち》遺跡にもある。

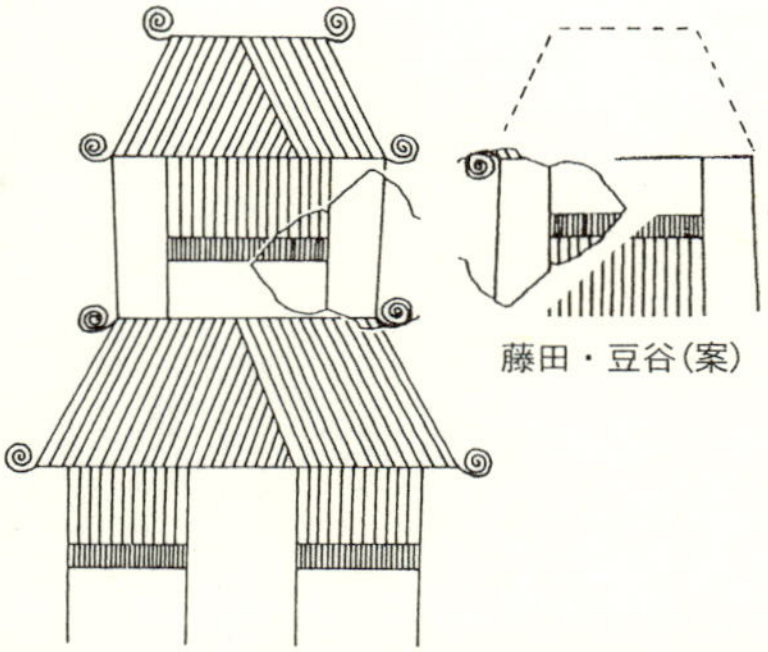

八尾九原遺跡出土建物絵画の復元模式図（石野作図）

このような建物が子村である八尾九原ムラにあるのはなぜだろう。すでに首長は環濠から外に出て独自に居館を構えていたのではないか。一見、保守的にみえる唐古鍵遺跡の環濠は先進性の裏返しかもしれない。だからこそ、二世紀末にムラをあげて上流四キロの纏向に環濠のない都市を築き、王の居館を設ける発想ができたのだ。三世紀の唐古鍵ムラは、都市・纒向の聖地として環濠を掘り直し、少数の人々によって整備し、維持していた。

三

邪馬台国時代の大和

13 大和・纒向——三世紀の巨大都市①

一九八九年は邪馬台国問題が再燃した年である。佐賀県吉野ケ里遺跡の弥生環濠《かんごう》集落の調査によって世論は沸騰し、百万人を越える人々が遺跡を訪れたという。吉野ケ里遺跡の調査が一段落した同年四月下旬から六月上旬にかけて、奈良県桜井市の纒向《まきむく》石塚古墳の調査が行われた。奈良県と桜井市による長年の土地公有化の努力が、地元の方々のおかげでこの時期に整ったからであるが、あまりにもタイミングが合いすぎて、報道陣は「近畿邪馬台国説の巻き返し」とうけとった感がある。

文化財に多くの方々が関心をよせて頂くのは有り難いことである。この機会に纒向遺跡の実態を改めてご紹介しよう。

纒向遺跡は、奈良盆地の東南部、奈良県桜井市太田を中心とする地域にある三、四世紀、古墳時代―早・前期の集落跡である。大和の神体山である三輪山西北麓の南北二キロ、東西二キロの三角形状の地域に六カ所の推定居住地がある。中でもその中枢は太田北、太田、箸中《はしなか》の三地域であり、占める面積は百ヘクタールに及ぶ。これは、近畿最大の弥生集落で

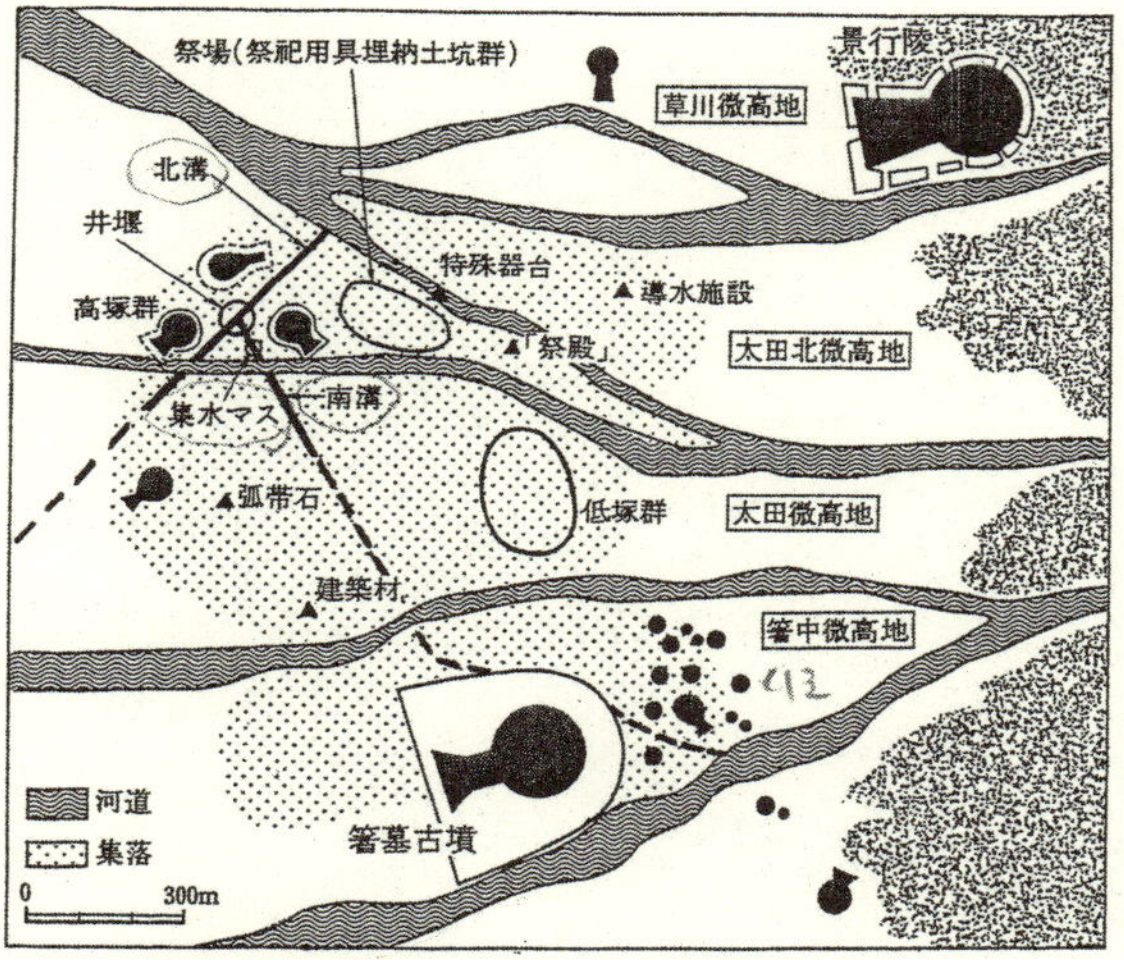

纒向遺跡全域図　（石野編「大和・纒向遺跡」学生社 より）

ある奈良県磯城郡田原本町の唐古鍵遺跡の約四倍で、日本最初の本格的都城である藤原宮と並ぶ広さである。さらに、三つの居住地の周囲はそれぞれ川があって防御機能を備え、その上に三つの地域を幅五メートルの人工水路（運河）でつないで緊密な連携を保っている。

太田北地区の旧中州に祭祀《さいし》用具を納めた穴が推定百五十基ほど集中し、一部には祭殿らしい建物跡がある。もっとも収納物の多い穴からは、煮炊きに使ったために煤《すす》のついた甕《かめ》、食物を盛りつけた高坏《たかつき》や鉢、貯蔵用壺などの土器類のほか、儀式用の杖、黒漆塗りの弓、脱穀に用いた竪杵《たてぎね》、新しい着衣を織った機織り具、半分焼けた割木、脱穀された多量の籾殻《もみがら》などが出土した。

祭りに際して新しい米を用意して炊き、盛りつけ、新しい着衣に身を整えて、儀仗を片手に祭場にのぞむ姿が復元できる。用具の内容は、延喜式《えんぎしき》に記載されている新嘗祭《にいなめさい》と共通する部分が多い。土器の中には大阪、名古屋、静岡、石川、鳥取など県外の産出品が多く、各地の人々が祭りに参加したらしい。

祭場の東側には、社殿を思わせるような柵で囲まれた建物があり、さらに東方の巻野内地区には木槽《もくそう》を連ねた浄水施設がある。

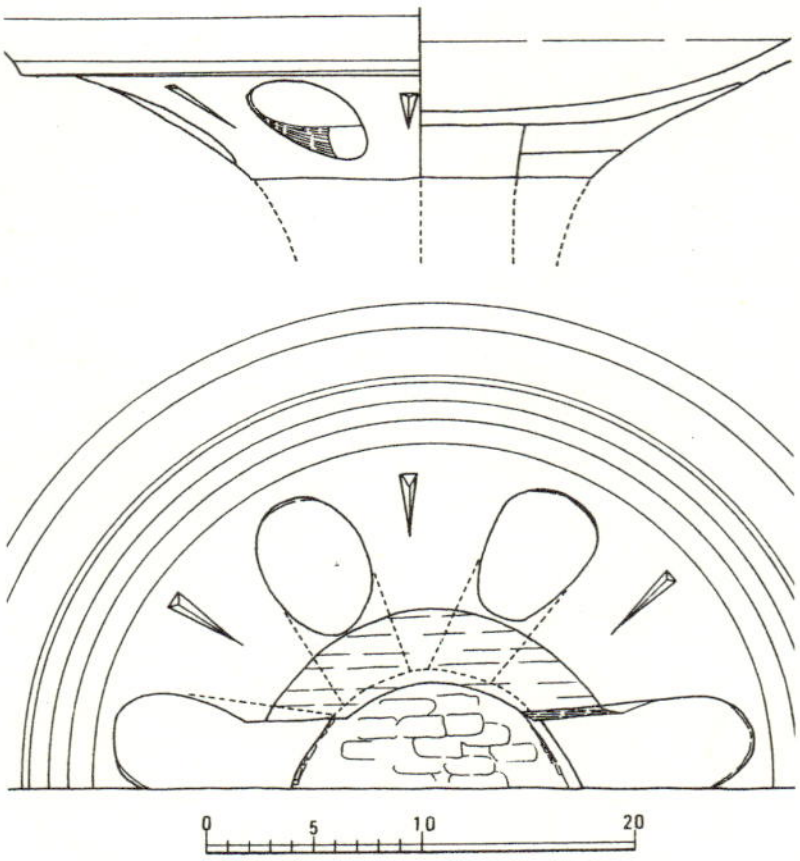

大型木製高杯―奈良県桜井市纏向遺跡
(石野博信編著『纏向』桜井市教育委員会,1976)

14 大和・纒向——三世紀の巨大都市②

纒向《まきむく》遺跡の墓地は、太田北、太田、箸中《はしなか》の各居住地ごとに設けられている。太田地区と箸中地区では低塚《ひくづか》（方形周溝墓）と高塚（古墳）がそれぞれ墓地を分けてつくられている。居住地の近くに墓地を設ける点では弥生時代的であるが、径五〇～一〇〇メートル、高さ四～五メートルの高塚と一辺一〇メートル、高さ一メートル余の低塚に埋葬される階層の差が同じ地域の中で歴然としていたことを示している。

高塚の一つ、纒向石塚古墳は全長九三メートル余の長突円墳であることが昨年春の調査ではっきりした。周囲には幅二〇メートルの濠《ほり》をめぐらしているが、方丘部は幅が狭く浅くなっている。低塚がコーナーを掘り残して陸橋にしたり、その部分だけ浅くつくるのと似ている。

周濠の中には、白木の柱、柱頭の飾り（弧文円板）、鶏鳴を象徴する木製鶏二羽、古墳づくりに使用された鋤《すき》などが納められていた。古墳は単なる墓ではなく、祭場であることを示している。

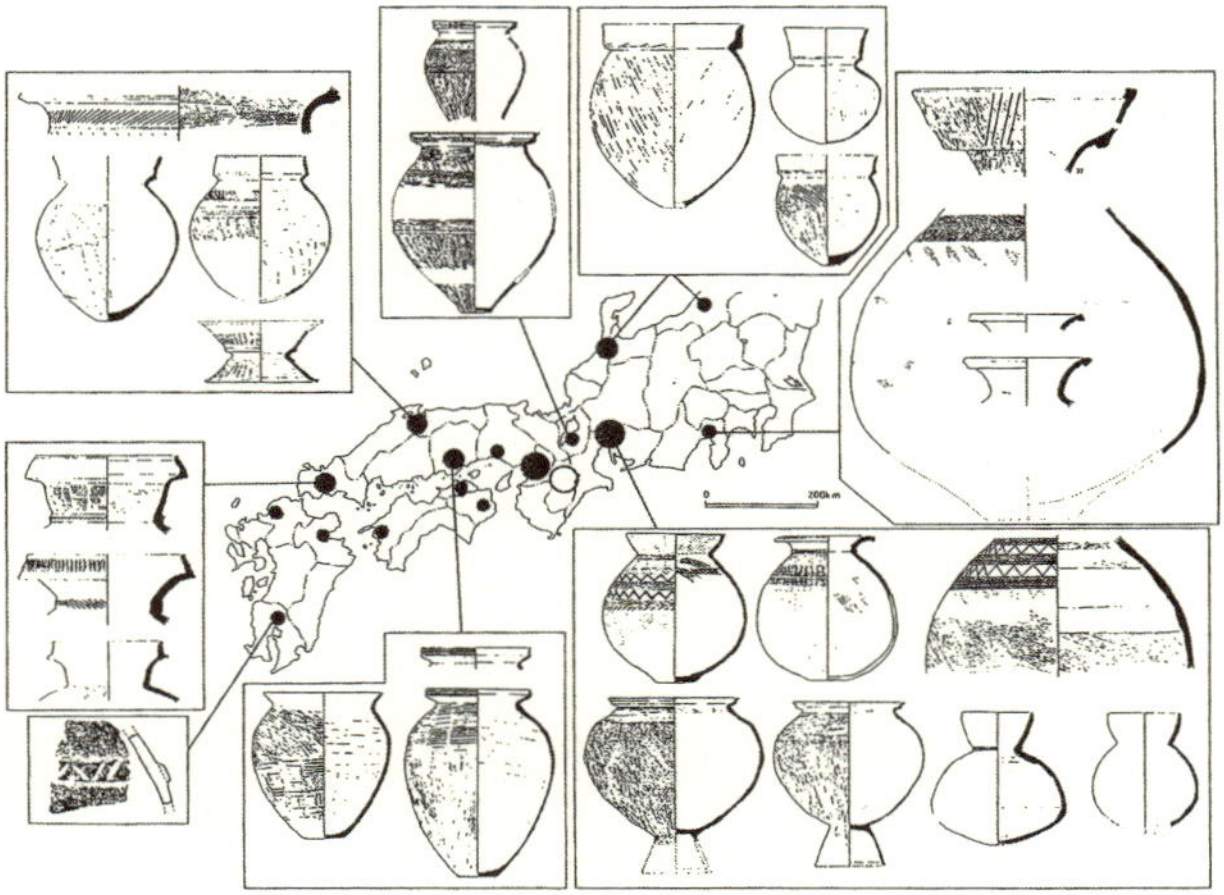

纏向に運ばれてきた主な土器（石野作図）

纏向遺跡の多量の土器の中に約三〇％の奈良県以外の土器を含んでいる。弥生時代の集落にも外来系土器はあるが、その比率は五％程度で纏向遺跡は異常である。県外の土器は県外の人々が携えて来たものとすれば、当時、纏向には約三〇％の県外の人々が住んでいたことになる。

東京や大阪の例を出すまでもなく、都市は古今東西を通じて各地の人々の集まるところである。纏向遺跡はまさに都市である。一般的な農村ではない。

このような「都市」はおそらく、九州、山陽、山陰、北陸、東海、関東など各地にあるにちがいない。各地の外来系土器の多い遺跡は田畠の表面や溝の中に落ちている土器片によって知ることができる。そこに王の居館があり、市が立ち、祭りが行われた。纏向遺跡には「市」と墨書された飛鳥時代の土器片がある。時代はかけ離れているが「市」が開かれる要件は揃《そろ》っている。

纒向遺跡の一画を占める箸中山（箸墓）古墳は、全長約二八〇メートルの最初の大王墓として多くの人々に認められている。「昼は人が作り、夜は神が作った」と伝えられるように、三輪山を背景とした墳丘の姿は、まさに「神の墓」である。そこは宮内庁によれば「大市墓」であり、市の神でもある。

祭祀《さいし》をつかさどり、大市を管轄した大王、箸中山古墳の被葬者は、先行する纒向古墳群の王の権威を継承して誕生した。その時期は三世紀後半。二四八年に倭国の女王・卑弥呼が没し、次の女王、壱与（台与）の没年頃にふさわしい。

この時、佐賀県吉野ケ里遺跡の集落をとりまく環濠はほとんど埋没しており、人影はまばらであった。

15　三世紀末、纒向に何かがおこった

一九九八年九月、桜井市箸中山古墳《はしなかやま》（箸墓）の円丘部にとりつく渡り堤が確認され、その築造時期から本体である箸中山古墳そのものも纒向三式新＝布留０（ゼロ）式＝三世紀後半であると発表された。それより前、九五年には橿原考古学研究所が箸中山古墳の方丘部端北側を調査し、墳丘基盤直上から多量の纒向三式新の土器片を確認している。

箸中山古墳の東二〇〇メートルに全長八〇メートルの長突円墳であるホケノ山古墳がある。九五年の調査によって円丘部北側の周濠《しゅうごう》内にある程度土砂が堆積《たいせき》した後に、三世紀後半の土器が多量に投棄、あるいは埋置されていた。土器群の出土状況からみて、それらは周濠の外側から投げ込まれたらしい。

九八年の東田《ひがいだ》大塚古墳東側周濠の調査も、ほぼ同じ傾向であった。

さかのぼって考えれば、一九七一年以来調査の纒向石塚古墳周濠内も最古の纒向一式土器（二世紀末〜三世紀初）以外では、同三式新の土器が最も多いし、同時に調査した纒向矢塚古墳の東側周濠には三世紀後半の完形土器群がまとめて置かれていた。

古墳周濠内の土器群（奈良県纒向勝山遺跡，橿原考古学研究所調査　石野撮影）

そして今、纒向勝山古墳（長突円墳・全長一二〇メートル）の西側と北側の周濠が調査され、周濠の外側から二十数メートルにわたって堆積土上層に投げ込まれた多量の土器と木製品が検出されている。土器は、纒向三式新、三世紀後半のようだ。木製品の中には、いくつかの祭祀《さいし》用の儀器が含まれていた。

纒向地域にある箸中山古墳をはじめとする初期の長突円墳の周濠から、なぜ、ほぼ同時期の土器群が多量に検出されるのだろうか。

私は、古墳周濠内の多量の土器群は三世紀後半のある年に纒向地域で一斉に行われた祖先祭祀の一端を示すものと考えた。古墳祭祀に使われた用具が、周濠内に埋置されることは、纒向石塚古墳の弧文円板や橿原市四条古墳の「木の埴輪《はにわ》」などによって明らかである。それらの行為は、各古墳築造後、それぞれ、当該古墳の被葬者一族によって行われていたものと思われる。それが一古墳だけではなく、纒向地域の多くの古墳で一斉に行われたのは、箸中山古墳を盟主とする一族による祖先祭祀だからであろう。

纒向地域の長突円墳の築造は、少なくとも三世紀初頭に始まり、世々継続して行われている。その中でなぜ三世紀後半の一斉祭祀が行われたのだろうか。

この時に何かがおこった。それは女王から男王への改革か？

16 太柱と細柱

二〇〇四年に、唐古鍵《からこかぎ》遺跡から弥生中期中頃の径八〇センチの太柱をもつ建物が現れた。建物は六×一三・七メートルの大型である。

それより前、大阪府池上曾根遺跡の弥生中期後半の祭殿は、六・九×一九・二メートルと大型で、径五〇～六〇センチのヒノキの太柱が多かった。

弥生時代の大型建物は、一九九二年の唐古鍵遺跡の楼閣絵画土器の発見以降、急激に増加した。実は、七六年頃から縄文時代の大型建物の存在が、長野県阿久《あきゅう》遺跡などで注目されはじめ、青森県三内丸山遺跡で世間的にも知られるようになった。特に後者は、径一〇〇センチのクリ材を六本、長方形に配置した巨大な建物である。

ところが、古墳時代になると太柱を持つ建物が姿を消す。古墳時代早期（三世紀）の愛媛県樽見四反地遺跡の約一三〇～一五三平方メートルの総柱建物と、石川県万行《まんぎょう》遺跡の二〇〇～三〇〇平方メートルの総柱建物には、それぞれ径三〇～四〇センチの比較的太い柱が使われているが、古墳時代中期（五世紀）の静岡県古新田遺跡で長方形に配置され

弥生の巨大柱＝奈良県唐古鍵遺跡（田原本町教育委員会調査　石野撮影）

た八棟の建物の柱根径の平均値は二三・五センチと小さい。五世紀後半の豪族居館として著名な群馬県三ツ寺Ⅰ遺跡の大型建物は、一四×一三・六メートルで、柱根径は約二〇センチである。

弥生時代の大型建物の柱は、中期後半の径六〇～八〇センチをピークに後期には四〇センチ前後となり（滋賀県伊勢遺跡、佐賀県吉野ケ里遺跡など）、三、四世紀に継続するようだ。他方、大阪府阿倍野筋遺跡の弥生末・古墳初の建物の柱径は二六センチで、より細くなる傾向も認められる。その傾向が、五世紀の古新田遺跡の建物群に継続するのであろうか。

柱に貫穴《ぬきあな》をあけて桁《けた》や梁《はり》を貫通させれば

建物の強度が強まり、細い柱で高層建築をつくることが可能となる。

縄文時代にも弥生時代にも細い柱に貫穴をあける技術はあるのに、径六〇～八〇センチの太柱を持つ大型建物を建てているのはなぜか。

それは巨木信仰ではないか。縄文時代以来の巨木信仰が、弥生中期後半まで継続的に続いてきた。それが中期末・後期初頭の社会変動によって廃絶へと向かった。変動は、例えば大阪平野の環濠《かんごう》集落の解体、岡山平野の銅鐸《どうたく》の廃棄である。

太柱の復活は、半島の新来の思想と技術による仏寺と宮殿建物をまつことになる。

「……眞弓《まゆみ》の岡に　宮柱太しきいまし　御殿《みあらか》を　高知りまして……」

（万葉集一六七、岩波文庫）

17 オハリとヤマト

〝弥生時代の前方後円墳を見に行こう〟といえば、古代史に関心のある人であれば誰でもが驚き、疑う。それが、岐阜市瑞竜寺山の山頂にあると赤塚次郎さん（愛知県埋蔵文化財センター）は考えている？　これは誤解だが赤塚さんは三世紀＝邪馬台国時代の中部を中央日本とする過激派だ。その人に案内してもらって念願の瑞竜寺山山頂遺跡を訪れたのは二〇〇四年八月十六日、はからずもお盆の墓参りとなった。

山頂は岩石が露出していてほとんど盛り土はないが、長辺二五メートルの長台形山頂の中央部に二基の木棺を埋葬した穴があり、以前に中国・後漢製の銅鏡と管玉などが出土していて弥生時代後期＝二世紀と考えられている。現地で赤塚さんは、〝ここに突出部が付く可能性がある〟と言い、そうであれば全長四〇メートルの日本列島最大の長突方形墓（前方後方形墓）となる。

前方後方墳とは、方丘に長い張り出しを付設した一突起方墳（略称＝長突方墳）であり、ヤマト政権の権威を象徴するとされている長突円墳（前方後円墳）と対抗する墳形と考え

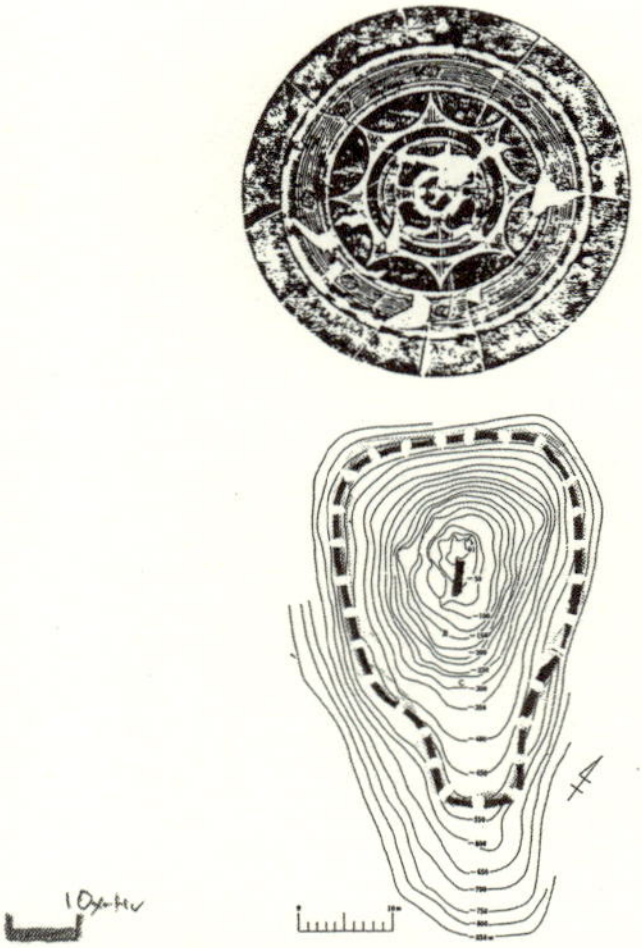

最古の一突起方形墓と銅鏡（岐阜市瑞竜山山頂遺跡，『岐阜市史資料編』より、一部加筆）

られている。それが、ヤマトが政権を確立する前の邪馬台国時代にオハリで生まれ、東西に拡張したと赤塚さんは主張している。まさに、方墳と円墳の勢力拡大の争い、角丸戦争だ。

私はヤマトで三世紀初頭の長突円墳である奈良の纒向《まきむく》石塚古墳を調査し、纒向型長突円墳が三世紀代に関東から九州に波及したという寺沢薫説（橿原考古学研究所）を支持している丸派なので、赤塚さんは角派の凄《すご》さを見せてくれたのに違いない。

丸派の本拠地である奈良県おおやまと古墳群の中にも全長一〇〇メートルをこえる長突方墳がある。その一つ、下池山古墳の竪穴石室を覆っている粘土の中からオハリかイセで作られた土器片（S字状口縁甕《かめ》）が見つかった。五センチぐらいの小さな土器のカケラだが、たまたまその場に居合わせた私は身震いした。ヤマト政権の中心地でも、ある段階、例えば、崇神天皇陵とされている全長二四〇メートルの行燈山《あんどんやま》古墳が登場する四世紀中頃までは丸派と角派は対等だったのか。

関東・東北の初期の大型古墳が角派（長突方墳＝前方後方墳）から始まることは、早くから大塚初重さん（元明治大学）たちが主張されていた。それを証明するかのように、関東平野の各地の三、四世紀の遺跡から東海系土器がたくさん出て来て、オハリやイセの人々の来住を思わせている。群馬県石田川遺跡では、ほとんどすべてが東海系土器で〝東海人の植民地か〟と言われるほどだし、千葉県高部古墳群では鏡をもつ長突方墳が主役だ。ところが、同じ千葉県市原市神門《ごうど》古墳群には長突円墳と近畿系土器が多量にあって、ここでも角丸戦争がおこっていた。

その後の日本歴史にかかわる大きな課題をかかえて、角丸戦争の研究を楽しく続けて行きたい。

四

東北　縄文文化の繁栄

18 縄文高楼はあった――青森市三内丸山遺跡

一九九七年（平成九）六月二十四日、青森市三内丸山遺跡に立った。公園のように整備された遺跡の入り口近くに大きな〝盆踊りのヤグラ〟が建っていた。直径八〇センチのクリ材をわざわざロシアから数億円かけて取り寄せながら屋根もなく風雨にさらされている。〝縄文人が見たら怒る〟と私は思った。

三内丸山遺跡を最初に訪れたのは、一九九三年五月だった。北海道に出かける予定をしていた時、〝青森ですごい遺跡を調査しているらしい〟という話を聞いて、飛行機をキャンセルして夜行列車に切りかえ、青森で途中下車した。まだ、新聞、テレビで報道される前だったが、多量の動物骨やクリ、そして巨大なヒスイの玉などに圧倒された。現地はすでに大型の縄文遺跡が姿を現していた。

私は以前、富山県小矢部市桜町遺跡で径四〇センチの柱に横木を通せるような穴と細かな加工をした縄文中期の建築材を見ていた。建築史の宮本長二郎さんは、この建築材をもとに高床建物を復元しておられる。もちろん屋根がある。それなのに何故《なにゆえ》、三内丸山では屋根をつけなかったのか、不思議だった。聞くところによると、ある考古学の先生が猛烈に反対されたからだという。〝根拠がない〟と。ところが同じ先生は、佐賀県吉野ケ里遺跡で、〝根拠のない〟弥生の物見やぐら復原に積極的に関わっている。弥生人はいいが、縄文人はダメというのであれば、単なる偏見だ。

縄文高楼―青森県の三内丸山遺跡
(石野撮影)

やっぱり縄文人は怒った。九七年の九月三日、再び桜町遺跡からさらに複雑な加工をした縄文中期の建築材が多量に出土した。〝正倉院より四千年も古いワタリアゴの技術〟とマスコミをにぎわした。私はその翌日に現地に立った。

〝たまには遺跡を離れて〟という気分で女房と「越中おわら風の盆」に出掛けようとしゃれこんでいた日だった。〝桜町ですごいモノが出てる〟と聞いて盆踊りの間をぬって出掛けてしまった。建築材が累々と横たわる様は迫力があった。〝これでも分からんか〟と縄文人が現代考古学者に主張しているように思った。私はマスコミの取材に、つい言ってしまった。
〝縄文人をナメたらいかん〟と。
三内丸山の奇妙なヤグラは、直ちに壊して真面目に建て替えるべきだ。

1997年（平成9年）　9月4日　木曜日　（日刊）

縄文中期に木組み工法

ワタリアゴ 網代壁

「法隆寺」の3000年前

富山・桜町遺跡

大型高床建物 部材が大量出土

大型高床建物の復元図

縄文中期のワタリアゴ報道の新聞（富山県小矢部市桜町遺跡）

19 縄文人の太平洋航路

一九九九年、五月十一日の朝日新聞は、和歌山県御坊市堅田《かただ》遺跡のヤリガンナ鋳型を、「日本最古の青銅器鋳型」という見出しで一面トップに大々的に報じた。さらに解説では、「黒潮ルートに脚光」として従来の日本海・瀬戸内ルートだけではなく弥生人の太平洋航路の可能性を指摘した。ところがどっこい、縄文人も太平洋黒潮ルートを活用していたらしいのである。

黒潮（暖流）はフィリピン沖で発生し、沖縄を通って日本海と太平洋に分かれ、太平洋岸は宮城県牡鹿半島の金華山沖で親潮（寒流）と相遇し、北アメリカ西海岸へと向かう。従って、インドネシアやフィリピンの文化は、黒潮に乗って日本列島に到達することは、ある程度自然である。

伊豆諸島の八丈島倉輪《くらのわ》遺跡の縄文人は活発である。縄文前期末から中期初め（約五千年前）に、関東系はもちろん、関西系、北陸系、信州系、東海系などの各地の土器が持ちこまれているだけではなく、全国各地の宝器的な装飾品が豊富である。倉輪縄文人は、東北

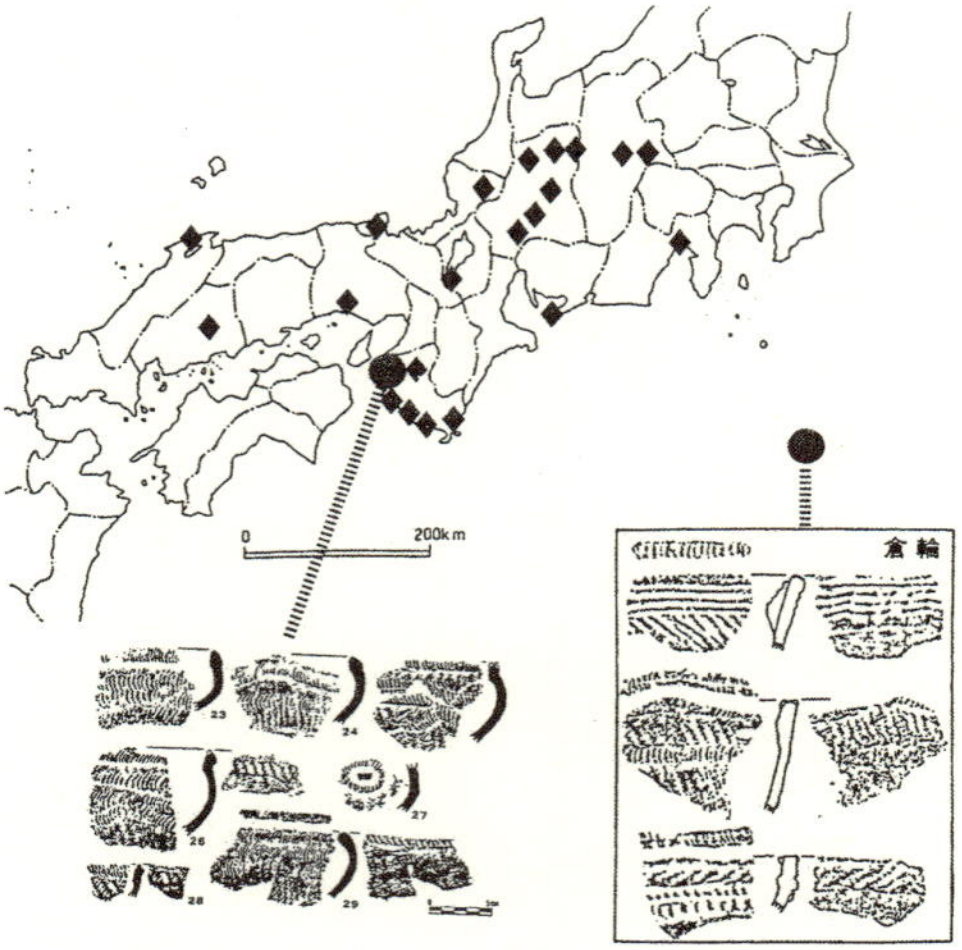

縄文前期の近畿と八丈島　（「古代近畿と東西交流」学生社刊 から一部改変）

から関西を航行する海の商人であったようだ。

　九七年十一月二七日、鹿児島県東市来町（現・日置市）の遺跡現地事務所のテーブルの上に、さりげなく置いてあった小さな土器片を見て驚いた。それはまさに、中学・高校時代に故郷・宮城県石巻市周辺の貝塚でおなじみの縄文時代晩期（約三千年前）の大洞式《おおほらしき》土器であった。表面は黒っぽくて胎土は白く、石粒をほとんど含まない懐かしい〝カケラ〟であった。

「どなたか東北の人が来られたのですか」と聞いたら、「ここから出たんです」とのこと。

「鹿児島では他にも出てるんですか」とたずねたら、「種子島からも出てますよ」とのことで、自分の不勉強を恥じるとともに二度びっくりした。

その後、高知県土佐市居徳《いとく》遺跡から縄文時代晩期の漆器とともに東北系土器の出土が報道され、縄文人の太平洋航路が継続していることを知った。

しかし、不思議である。東北と九州・四国との交流は、黒潮に乗って北へ向かうことはできても、北から南への航路は可能なのだろうか。沿岸航路を含めて可能であったとしても、単体の丸木舟ではなく、最低、南方諸島に多い舟を安定させるための張り出し棒であるアウトリガー付きの丸木舟が必要であろう。各地の調査ですでに丸木舟の傍らから長い棒が出ているのではないだろうか。それがアウトリガーの素材だ。

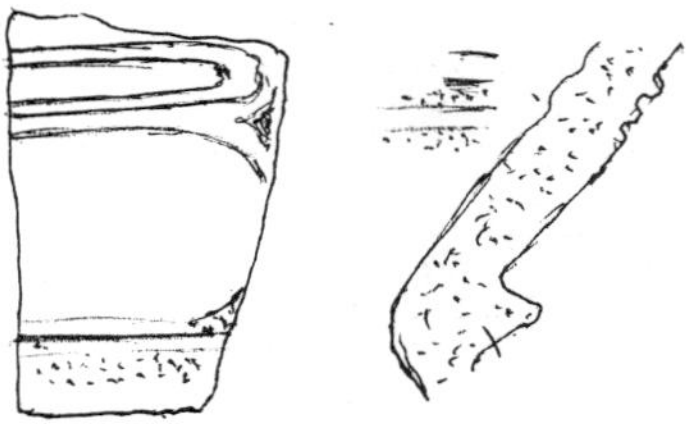

鹿児島の東北系縄文土器—東市来町市ノ原遺跡（鹿児島県埋蔵文化財センター調査 石野メモ，1997.11.26.）

20 東北縄文人の西進

発掘調査が進む徳島市国府町矢野の矢野遺跡で、縄文後期初頭（約三千八百年前）とみられる日本最古級の土製仮面が見つかった。その連絡を徳島県埋蔵文化財センターから受けたとき、私は東北の縄文人が突然四国に上陸したような錯覚にとらわれた。というのも、舞踊に使われていた縄文仮面の出土が圧倒的に東北に多いからであり、今回の発見で、東北らしい踊りが徳島でも踊られていたということになる。

東北ではこれまでに約六十点の縄文仮面が出土しているが、西日本では徳島が四例目である。これは東北から徳島への人々の移動があったと考えなければならない。東北人は徳島に永住したのだろうか。あるいは、魚を追っての季節ごとの移動だろうか。縄文海人のエネルギーが、一つの仮面を通して伝わってくる。

古くから仮面は舞踊に使われてきた。縄文後・晩期と飛鳥・奈良時代以降に発達し、中でも縄文仮面は、縄文時代の「北の文化」の重要な要素の一つと考えられてきた。それがなぜ、徳島に現れたのか。記紀・万葉と弥生絵画で仮面舞踊の歴史をたどりながら、縄文

四国の縄文仮面―徳島市矢野遺跡（徳島県埋蔵文化財センター提供）

仮面の背景を考えてみたい。

神武天皇は大和平定の時「儛《まい》を列《つら》ねて賊《あた》を攘《はら》い、歌を聞きて仇《あた》を伏せたまいき」と『古事記』にある。これは「みんなが揃って舞を舞い合図の歌を聞いて一時に賊徒を平定した」（『古事記』序文＝日本古典文学体系、岩波書店）ことだという。舞踊は単なる舞や踊りではなく、神の力を持った芸能＝カミワザと意識されていたことが分かる。

また、万葉集には次のような力士舞の歌がある。「池神の力士儛かも白鷺《しらさぎ》の桙《ほ》啄《こく》い持ちて飛びわたるらむ」（『新訓万葉集』、岩波文庫）。伊藤高雄氏によると、力士儛とは技楽の力士のことで、面をつけた力士が女に懸想する男の姿をわい雑でこっけいな芸態で舞っていた（「ワザヲキと伶人」＝『万葉集の民俗学』、おうふう）

この歌の「池神」は、奈良県田原本町法貴寺の池神社とされており、近くの唐古鍵遺跡からは弥生神話を描いたと思われる絵画土器が日本で最も数多く発見されている。画題は、建物・人・鹿・鳥・船などが多いが、ツルかサギといわれている水鳥が力士舞のシラサギとの関連で注目されている。弥生絵画のサギは魚を食う（伝 讃岐銅鐸絵画）。

今回、仮面が見つかった矢野遺跡の近くには鮎喰川が流れており、「魚占い神事」を連想させる。

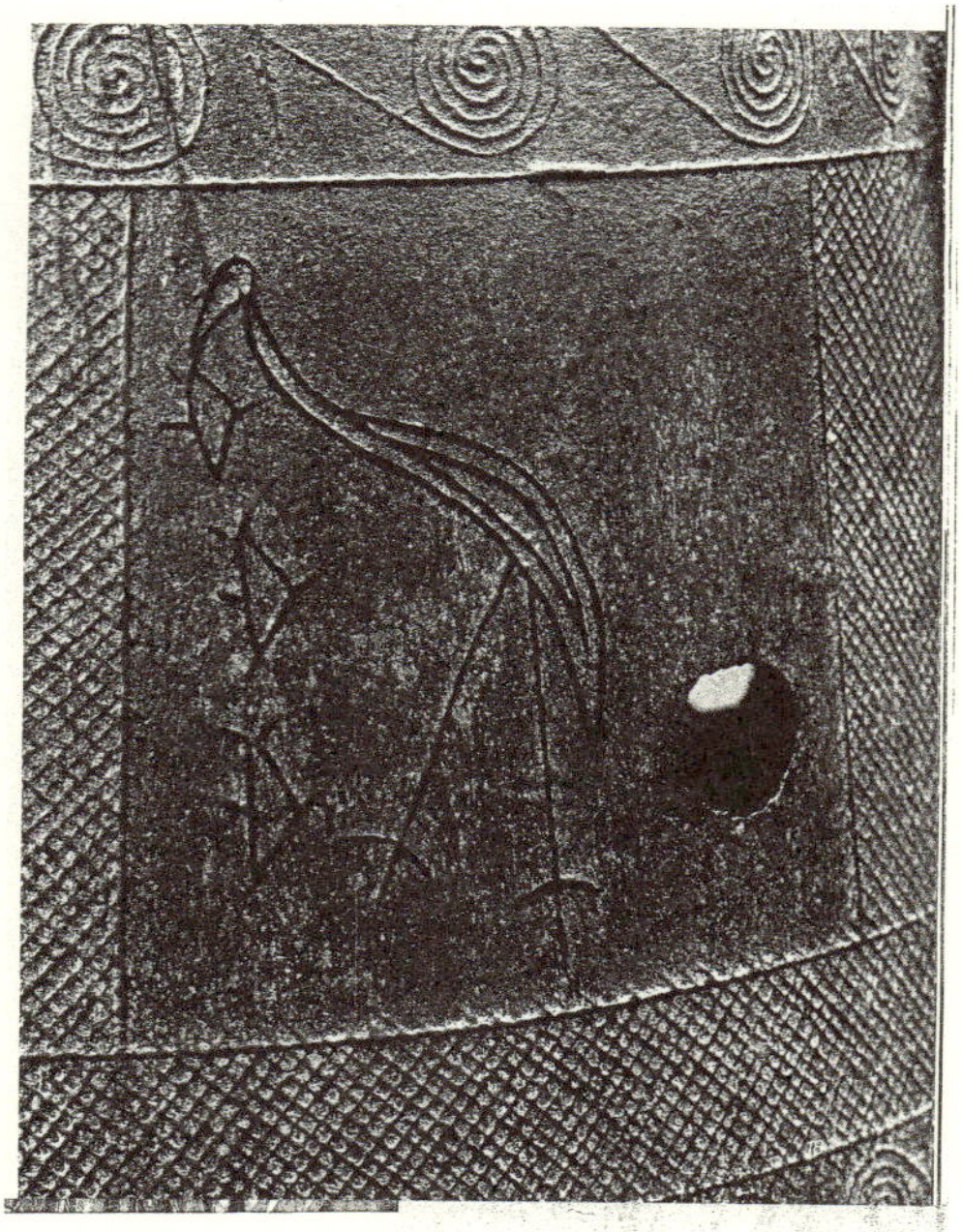

魚を食うサギ—伝讃岐銅鐸（佐原真『祭りのカネ銅鐸』講談社1996に加筆）

21 縄文仮面と弥生絵画

奈良県唐古鍵遺跡の祭場と思われる清水風遺跡の絵画土器には、袖を振る人物が描かれている。万葉集には「立ち去り　叫び袖振り　こいまろび　足ずりしつつ」と浦島子が海原から帰り、箱をあけて白雲がたなびいたときのありさまを描いている。「それは忘我・混沌《こんとん》の相を呈する鎮魂の舞踊であり」「本来外来魂を体に呼び戻し付着させるための呪的《まじない》所作であった」（前掲、伊藤論文）。

この袖を振る人物は、奈良県橿原市坪井遺跡の絵画土器にも描かれており、「鎮魂の舞踊」が大和の弥生社会で広く行われていたことを考えさせる。それが大和だけでなく、瀬戸内海地域にも広まっていたことは、岡山県御津町新庄尾上遺跡の絵画土器で分かる。土器には鳥型の仮面か頭巾をかぶり、マントを着たシャーマン（呪師）的人物が描かれている。数少ない弥生の仮面人物が瀬戸内沿岸に存在することは、徳島市の矢野遺跡の仮面を考える上でも参考になる。瀬戸内東部に伝わった縄文仮面の伝統が、弥生時代には瀬戸内中部に脈々と続いていた、と考えておきたい。

袖ふる弥生人（左：奈良県清水風遺跡　右：奈良県坪井遺跡）（奈良県香芝市二上山博物館編「弥生人の鳥獣戯画」（雄山閣出版）より）

こうした仮面舞踊の歴史からみて、今回の縄文仮面の発見は、東北縄文文化の西方進出の一例と考えるのが妥当であろう。その場合には、奈良・大阪に比較的多い東北系晩期縄文土器の日本海ルートとは別に、太平洋ルートを想定することになる。

東北文化の日本海沿岸の拠点の一つは、石川県金沢市御経塚遺跡であり、その文化は奈良県橿原遺跡などにもたらされている。石川県能登町真脇遺跡には最古級の縄文仮面出土例があるが、矢野遺跡の仮面もこれと同じくらい古い。両ルートとも「北の文化」をいち早く受け入れていたことになる。太平洋ルートは、縄文前期に和歌山県鷹島遺跡の土器が伊豆諸島から出土しているし、近年では鹿児島県日置市や種子島から東北の縄文晩期土器が出土しているので、あり得ないルートではない。

今回発見された仮面を見ていると、徳島の縄文海洋民のエネルギーが三つの小さな穴から噴出しているように思えてくる。そのエネルギーが、踊りのクニ・阿波へと連動してきたのだろうか。

阿波踊り（石野撮影　2002）

22 関西の貿易拠点

今から三千年ほど前、東北縄文文化の最盛期の頃、ヤマトに多くの東北人がやって来た。今の奈良県橿原《かしはら》遺跡である。そこは大和三山の一つである畝傍《うねび》山《やま》の麓《ふもと》で、神武天皇が「橿原宮」で即位したという伝説の地である。橿原遺跡には東北の縄文晩期人が祭祀《さいし》に使っていた土偶（土の人形）や石刀のほか東北系の土器類が百点以上あり、関西における東北人の貿易拠点だった。

橿原遺跡は、たまたま皇紀二六〇〇年祭（神武天皇が即位してから二千六百年）の記念に、神武天皇を祭神とする橿原神宮の外苑整備事業のときに発見され、橿原考古学研究所はその発掘調査を契機に誕生した。一九三八（昭和十三）年のことである。私は宮城県の石巻高校卒業後、関西の大学に入り、一回生のときに橿原考古学研究所を創立された末永雅雄先生にお会いした。末永先生は、後に文化勲章を受章された考古学の泰斗であり、不思議なことに石巻高校の杉山寿先生の御父君・杉山寿栄男先生とお知り合いだった。寿栄男先生は、原始文様とアイヌ文化研究の泰斗で末永先生と親交があった。

一回生のとき、関西学院大学と関西大学の共同発掘調査が兵庫県加茂遺跡で行われ、私も参加した。そのとき、発掘現地で末永先生から、「君はどこの出身か」と聞かれ、ご存じないだろうと思いながら、「宮城県の石巻高校です」とお答えしたら、「そこには杉山君がいるだろう。時々、高校の新聞を送ってくれる」と言われたのにはビックリした。その新聞には、石中・石高を通じて仲間と万石浦海岸の貝塚などを歩き回った記録が載っていたはずだが、とても言えなかった。

それから十数年後に私は橿原遺跡の報告書作成のお手伝いをし、やがて橿原考古学研究所に勤務して二十数年間、ヤマトの遺跡調査に関わることができたのは、石中・石高以来の不思議な縁だと思う。

「オレが今、ここに居るのは歴史的意味があるんだ」と酒が入ると研究所の仲間にいつも叫んでいたように思う。ところがあるとき、東北人は関西人に裏切られた。

三千年前の約三百年間、東北縄文文化が切れ目なく関西の橿原遺跡に伝わっていた。それが突然、断絶した。私は大学の卒業論文と大学院の修士論文で、東北縄文文化は何故関西では断絶したのかを考えた。東北では、その後、さらに三百年栄え続けているのに……。

石巻考古學會

NO.1

昭和28年12月

宮城縣桃生郡宮戸村

宮戸島探訪

杉山　壽

昭和28年11月20日の日曜日を利用して、宮戸島を探訪致す可く、石巻図書館の田島安朗氏同道同地に赴いた。宮戸島に遺る古い固有文化を探訪する傍々、スライドに収める可く出発したのであります。が、当日の調査は宮戸島に残る風俗民族等のスライド撮影が目的であったために充分に検分する事が出来なかったが、細い部分の調査は次回に譲る事にして、宮戸島が観光のためのみならず考古学上、史前時代に於ては極めて重要な地位にある事を認識して戴けば幸と思っている次第です。

宮戸島とは通称宮戸村の事でありまして、地図の上では桃生郡に属していますが宮戸島で宮城郡の境にあたっています。勿論松島八百余島の最大の島でありまして、以前は野蒜沿岸とは離れ島でありましたが、最近に於ては陸路が通じ、現在ではバスも通る便利さで石巻、塩釜等と共に交通が出来るようになりました。昔は石巻・塩釜等とは船で交通をしたもので風のある日は仲々困難であったとの話であります。

（以下略）

中学・高校時代の恩師　杉山寿先生

23 石器時代の鉱業センター――二上山

今から五十年ほど前、リュックをかついで奈良と大阪の境にある二上山の麓《ふもと》の駅におりた。目的は二上山のサヌカイトである。サヌカイトとは輝石安山岩のことで、今から二千五百万年前に二上山が噴火したときに生まれた黒くて堅い石である。割るとナイフのように鋭く、旧石器時代から縄文・弥生時代を通じて約二万七千年間、石器の材料として使われ続けてきた。

関屋から踏切を越えて二上山の山麓に向かって歩いて行くと、あちらこちらにサヌカイトがころがっていた。にぎりこぶしから頭の大きさぐらいの塊や板のように割られたものなどいろいろあった。喜んで拾っているとリュックはすぐ一杯で、重たくて立てなくなる。

それより少し前、私は兵庫県川西市加茂遺跡で二上山のサヌカイトを手のひらぐらいの大きさに板状に割って三十枚ほど蓄えていた穴を発掘したことがあった。それ以来、加茂の弥生人はどうやってこの石を二上山から手に入れたのか疑問に思っていた。その疑問を解くために、リュックをしょって原産地にやって来たのである。原産地には板状のものは

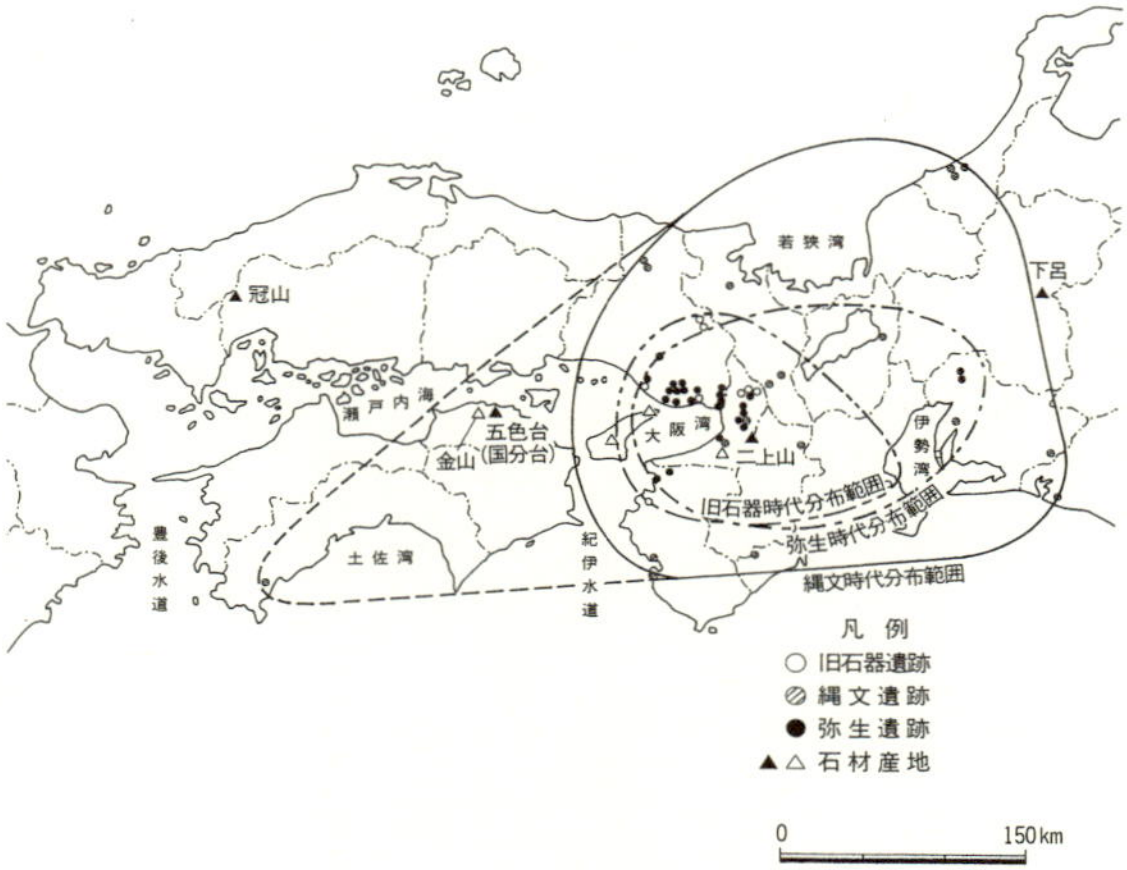

二上山サヌカイトの分布（香芝市二上山博物館編「よみがえる二上山の三つの石」より）

少なく、塊状のサヌカイトが圧倒的に多い。

五年ほど前、田原本町唐古鍵遺跡で腰の大きさほどの大きなサヌカイト塊が出土した。唐古鍵の弥生人はこんなでっかいものをどうやって運んだのか、また疑問がわいてきた。

二上山に近いムラには大きいサヌカイト塊が、遠いムラには小さいサヌカイト塊が多いようだ。サヌカイトはムラからムラへとリレー式に運ばれたのか。二上山に近いムラは大きい石、そのとなりのムラは少し小さく、そのまたとなりのムラはまた小さく……と、少しずつおすそ分けは小さくなっていったのか。もちろん、タダでおすそ分けしてもらえたわけではなく、そのムラ特産の織物や壺《つぼ》や魚などと交換したにちがいない。特産品の多いムラは遠くても大きなサヌカイトを入手できただろう。

二上山のサヌカイトは、西は姫路市、東は名古屋市から下呂温泉あたり、北は福井市、南は新宮市あたりまで広がっている。こんなに広い範囲の人たちが欲しがったサヌカイトの採掘権を地元の弥生人が見逃していたはずはない。採掘権を守り、繁栄していたのではないか。その証拠に香芝市田尻や平地山などから石製短剣をつくっていた跡もみつかった。

二上山麓《さんろく》は古代の鉱業センターだった。今、資料は奈良県香芝市二上山博物館に展示されている。

二上山のサヌカイト原石（香芝市二上山博物館）

五

穴屋（竪穴建物）の中

24 縄文ムラと水上住居

一九九八年と九九年に分けてフィリピン全土を縦走した。北部ルソン島では山の家、南部サマール、レイテ、ミンダナオ各島では海の家を訪ねた。

サマール島に入ったのは九八年二月だった。アレン港の波止場に接している住居群は海上に建っていた。海辺に柱をたくさん打ちこんでその上に台をつくり、家を建てている。眺めていると家の下にボートが入り、家下から家に入る。陸上でいえば、斜面の地階のガレージから一階に上る感じだ。

ミンダナオ島のタガナアン村の海岸には小さな住居群が海上に浮いていた。よく見ると海底に約一〇×一二メートルの長方形にサンゴや石塊を積んで土台を作り、その上に柱を建てて屋根をのせる。床はすのこ張りだ。岸辺とは幅七〇センチ程度の板橋でつながっている。橋を渡って近づいたら青年が一人昼寝をしていた。遠慮して帰ろうとしたら、一緒に行ったタクシーの運転手が大声で起こしてしまい、私たちは中に入った。カギもかけずに出かけていたふるさと宮城県の昔を思い出した。

フィリピンの水上住居（石野撮影）

ここ四、五年、北陸の低湿地の縄文ムラが注目されている。新潟県青田遺跡などでは、川辺にクリやクヌギの柱を掘り立てた高床の住居群が見つかっている。低湿地であるために木製品がよく残り、葦《あし》を編んだ壁材やヤスやタモなどの漁労具や容器類や赤ウルシ塗りの櫛……、丘の上のムラなら腐朽して残らない生活用具がすべてよみがえった感じだ。フィリピンの海上住居からポンポン捨てられていた道具類を思い出した。

ベトナムの漁民のムラで見た丸い籠《かご》舟と佐渡のタライ舟から同じ海洋民の知恵を感じたが、なぜ、住居を海上に、あるいは水辺に構えるのか。それは、弥生時代の鳥取県青谷《あおや》上《かみ》寺《じ》地《ち》遺跡の潟湖《せきこ》畔に暮らす人々や現代の漁民にも通ずる「日常生活の便利さ」に尽きるのだろう。

世界的には新石器時代のスイスの湖上住居が有名で、念願かなって二〇〇四年に訪ねたチューリッヒのスイス国立博物館では多くの建築部材と出土品に圧倒された。

湖底に柱を打ち込み、柱上に丸太を組んで方形の台をつくり、その上に二〜三棟の住居や付属棟を建てている。そして、住居群のある湖底から木製の扉や梯子や車輪などとともに、貝輪を連ねた胸飾りや金属製の耳飾りや首輪などのアクセサリー類をはじめ生活用品が多量に出土している。

おそらく、フィリピンの海上住居の周辺も千年後には立派な遺跡になっていることだろう。

スイスの湖上住居群
「Der Pfahlbaver」
Sehweizerischen Landesouvseum

25 弥生穴屋の立壁

二〇〇一年三月十二日、大阪平野の〝立壁のある弥生穴屋〟を訪れた。最初に訪れたのは男里《おのさと》遺跡（泉南市）で、弥生中期後半の穴屋が数軒むらがっていた。

一つの穴屋のそばに立つと、壁溝の中に径五センチぐらいの杭《くい》穴が、約四〇センチ間隔で並んでいる。しゃがみこんで溝内の土をみると、杭穴の両側で違いがあるという。杭を小枝でつないで芯木舞《しんこまい》とし、両側に泥土をぬって土壁としたのか。そういえば、指の太さぐらいの小枝を井桁《いげた》に組んだ土壁片が弥生前期の奈良県唐古鍵遺跡にある。唐古鍵例は、土壁の断片だけだったが、男里では穴屋の壁として現れた。

次の穴屋は違っていた。壁溝の両側に杭穴が並び、壁溝内には約二〇センチ幅の板を打ちこんだ痕跡があるという。平屋に周堤をめぐらし、その内外に板を打ちこんで土留めとしているのは静岡市登呂遺跡で著名である。その手法で穴屋の内壁をおさえ、同時に屋根を支えたのか。穴屋の内側は板壁で背の高さほどの空間となり、屋根は地上から離れて、窓もあけられたかもしれない。板の打ちこみ痕は兵庫県川西市加茂遺跡で、弥生中期後半

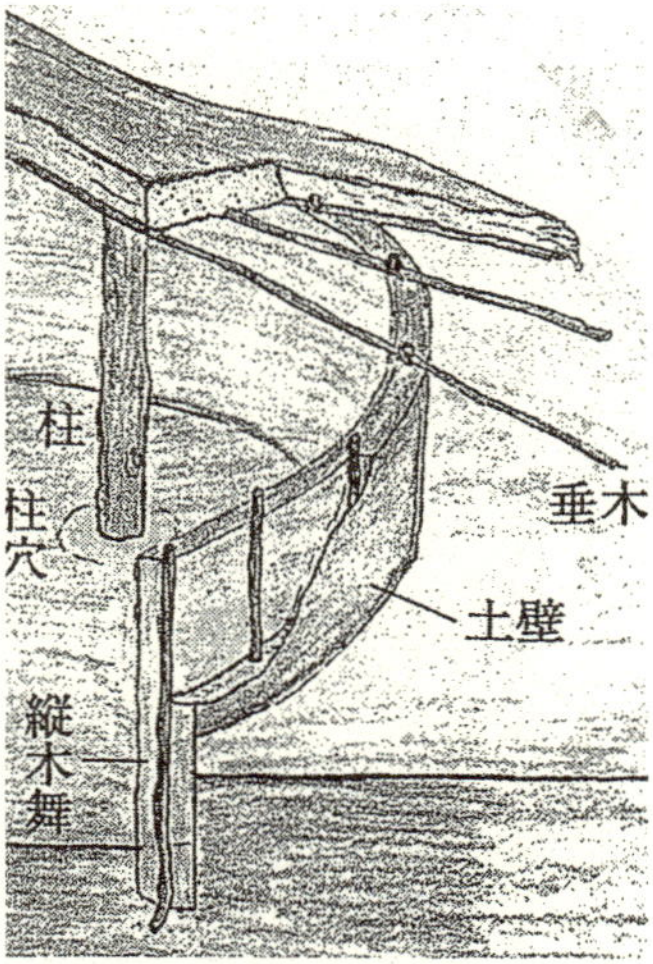

大阪府男里遺跡の土壁建物（復元『男里遺跡の調査』大阪府文化財調査研究センター）

の大型建物の板塀としてもあり、十分に考えられる。

三日市北遺跡（河内長野市）の弥生中期後半の穴屋は保存状態がよく、土壁か草壁がありそうだ。

たまたま訪れた二つの遺跡以外にも、壁溝内外の杭穴列が注目されつつある。精度の高い調査が行われた新庄遺跡（茨木市、三世紀）や高柳遺跡（寝屋川市、弥生後期）などで、調査者が意思をもって掘ればどんどん増えそうだ。まさに、弥生住居に〝壁立ちぬ〟だ。

一九八六年の滋賀県穴太《あのう》遺跡における「大壁建物」の検出以降、壁立ち建物が注目されるようになった。屋根を柱で支えるのが柱立ちで、主柱がなく壁で支えるのが壁立ちである。今回の〝壁立ちぬ〟は「立壁」であって「壁立ち」ではない。主柱が四～六本あって屋根を支え、それとは別に壁を立ち上げる。壁は壁であって屋根を支える構造材ではない。壁が立つと、屋根先が地面から離れ、室内空間は広く明るく、軒下は作業空間となる。竪穴建物＝穴屋の暗いイメージは一変する。そして今、縄文穴屋にも立壁のあることが分かってきたし、平屋（山形県押出《おんだし》遺跡）も高屋（富山県桜町遺跡）もある。壁も立ち、風も立つ、明るい暮らしが始まった。

弥生前期に土壁建物

唐古・鍵遺跡（奈良・田原本）で一部出土

定説より500年以上前

弥生時代の土壁が見つかった唐古・鍵遺跡。建物は復元された楼閣＝25日午後、奈良県田原本町

出土した土壁の一部。ワラがまじり、焼けた跡があった

奈良県田原本町にあるわが国最大級の弥生集落跡「唐古・鍵（からこ・かぎ）遺跡」で、弥生時代前期（紀元前三世紀）の建物の土壁の一部が二十五日までに、同町教委の調査で見つかった。土壁の建物は、「古墳時代（五世紀）から始まる」というのが定説だったが、五百年以上もさかのぼる弥生時代から土壁が使われていたことが明らかになった。弥生時代の集落のイメージを塗り替える発見で、研究者らも注目している。（25面に関連記事）

見つかった土壁は焼けた土塊状で、コンテナ（遺物容器）三杯分。

弥生時代前期の集落の西端にあったくぼ地に、同時代の土器などと一緒に捨てられた状態で見つかった。内部にワラがまじり、芯にしたとみられる木の圧痕が残っていたことなどから、土壁の一部とわかった。

古代の土壁の建物は大津市の穴太（あのう）遺跡や奈良県御所市の南郷遺跡（いずれも五世紀）などで確認されているが、弥生時代の遺跡では確認されていない。

土壁を使った建物遺構は確認されていないが、見つかった土壁が焼けていることから、同町教委は、近くに建っていた土壁の建物が火災で焼失し、その廃材を捨てたのではないか、とみている。

弥生時代の建物のイメージはこれまで、草葺の竪穴

弥生前期の土壁—奈良県田原本町唐古鍵遺跡

26 古代人の寝床

縄文人も弥生人も、そして古墳人も、おそらくザコネだった、というおおかたの予想は違っているようだ。

二世紀の北部九州の人々は、穴屋（竪穴住居）の壁際に幅一メートル余り、長さ三メートル余り、高さ二〇センチ余りの土壇を作っている。土壇は、一軒の穴屋に一ヵ所のものも四ヵ所のものもある。土壇は柔らかく、もしベッドであるとすれば二世紀の北部九州人は、一つの部屋の中で別々に寝ていたことになる。三、四世紀になると、ベッドは西日本の各地に広がる。

北部九州の土壇ベッドが五世紀以降なくなるのは、木製ベッドに変わったのかもしれない。その一例として、鳥取県北栄町の上種第五遺跡（六世紀）には、壁際に杭を打って土台とし、木のベッドとした痕跡がある。

三世紀の日本列島のある地域のことを記した『魏志倭人伝《ぎしわじんでん》』には、「屋室あり、父母兄弟、臥息処《がそくところ》を異にす」（岩波文庫）とある。中国では父母や兄弟は一緒に寝ているのに、倭人

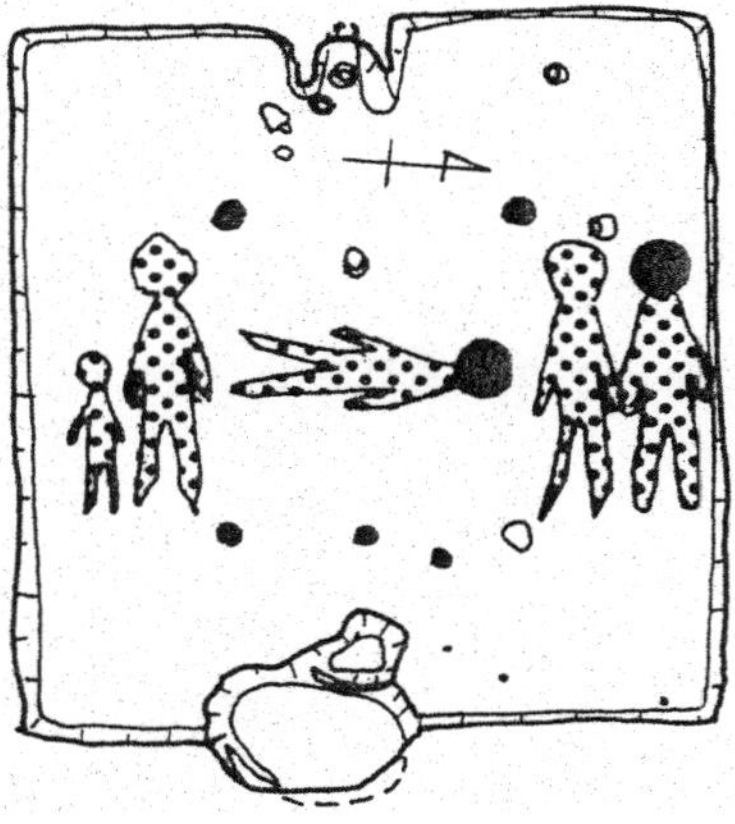

「伏廬」の中の父母と妻子と私の寝床（山上憶良「貧窮問答歌」より　石野作図）

は別々に寝ているのが珍しかったのだろうか。

四世紀の大阪には、ベッドを造り付けた二階建ての建物がある。八尾市美園古墳の家形埴輪で、二階にベッドが一つだけある。二階の柱には盾が描かれていて祭殿らしく、そうであればベッドも〝神床〟かもしれない。人がベッドを使う習慣があって初めて、神床も作られたのだろう。神床は、五世紀の大王墓に匹敵する百舌鳥大塚山古墳出土の埴輪にもある。このことは人の寝床と神床が四、五世紀を通じて共存し、役割分担が定着しつつあることを考えさせる。

奈良時代の大和の夫婦も別床の場合があったらしい。

……奥床《おくどこ》に　母は睡たり　外床《そとどこ》に　父は寝たり……（万葉集三三一二）

外床と奥床にそれぞれ父母が寝ているために「夜這い」に行けずもんもんとして夜を明かしてしまう息子の心情から、一つ部屋で別々にやすむ家族の姿が浮かんでくる。他方、

同じ万葉集の有名な貧窮問答歌には、

「……伏盧《ふせいほ》の　曲盧《いほ》の内に　直土《ひたつち》に　藁《わら》解《と》き敷きて　父母は　枕の方に　妻子《めこ》どもは足の方に　囲みゐて……」

とあって、一つ穴屋の中に父母と妻子がそれぞれベッドをともにし、本人（夫）がその間に寝ている様子がうかがえる。

近い将来に、寝汗の染み込んだベッドから、性別年齢が分析できる日を期待しよう。

27 穴屋と納戸

一九九七年七月、インドネシアのスンバワ島の村を歩いていて妙なことに気がついた。長方形で長辺に出入口のある住居がずらりと並んでいた。入り口から入るとすぐ板張りの床でおばさんが手仕事をしている。窓から光が入り、比較的明るい。奥に小部屋があった。「どうぞ」と言うことで中をのぞいたが真っ暗だ。（通訳を通じて）聞いてみると、「娘の寝室だ」という。「夜這《よば》いに来ぬように、奥につくってる」と。現代の親は、夜這《よば》いを歓迎していないらしい。

そう言えば、日本は近世民家にも納戸があり、寝室で暗い。民家のオモテには縁側があって明るいが、裏側には窓もなく暗い。インドネシアから帰ってから、日本の近世民家を訪れたときには、努めて家の裏側を見るようになった。

その頃に建築家の人たちと「窓」について対談する機会があり、「近世民家の納戸は、かつての穴屋（竪穴住居）の機能を受け継いでいるのでは」という趣旨の発言をした（「対談窓」『明かりの文化誌』ナショナル、一九九七）。言ってから、自分で「なるほど」と納

インドネシア・スンバワ島の民家（石野撮影）

得した。
　縄文時代以来、数千年続いている竪穴住居の多くは、屋根を地面に葺《ふ》きおろしており、窓がない。それは、上屋を表わしている弥生時代の岡山県横寺遺跡などの家形土製品や、古墳時代の家屋文鏡などによって分かる。窓がなければ室内の明かりは出入口と煙出《けむりだ》しの小屋根からさしこむ光だけだ。
　おそらく、穴屋の住人の主な作業は屋外で行なわれ、住居は寝る場所だった。壁のある平地住居や高床住居には、家形埴輪から分かるように大きな窓がつくられており、明るい。
　明るい建物と暗い建物の機能が合体したのが近世民家なのだ。それは、中世民家の

インドネシア・スンバワ島の民家の納戸（石野撮影）

兵庫県の箱木《はこぎ》千年家《せんねんや》にさかのぼり、さらに平安時代の貴族住居であり寝殿造りの私的空間である「北対」にゆきつくだろうか。

28 鍛冶炉か仙薬か――穴屋床面の円形焼土面

二〇〇二年十月四日、鳥取県大山町茶畑第一遺跡を訪れた。弥生中・後期の大型平・高屋（平地・高床建物）や土屋根らしい穴屋（竪穴建物）が目についた。

平・高屋の柱穴は、長径一八〇センチと巨大で、深さも一二〇～一五〇センチある。それらを見学したあと、〝土屋根の穴屋〟を見せて頂いた。それは弥生後期の径約八メートルの円形プランで、深さ約一メートルと深い。堆積土《たいせき》の状況から土屋根が想定できるという。

私はそれより、建物床面の奇妙な焼土面が気になった。この穴屋の床面にだけ径三〇～五〇センチの円形焼土面が三ヶ所ある。

私はすぐ、一九五九年に調査した兵庫県芦屋市会下山《えげのやま》遺跡C号穴屋を思い出した。C号穴屋は、径八メートル余の不整円形で、階段状出入り口と中央穴をもつ。建物西南部の床面が径三〇センチ余の範囲で円形に焼けていた。焼土面の範囲は一線を画したように明瞭で、その下は約一五センチくぼんでいた。普通、住居などの床面で火を焚《た》いたとき、焼

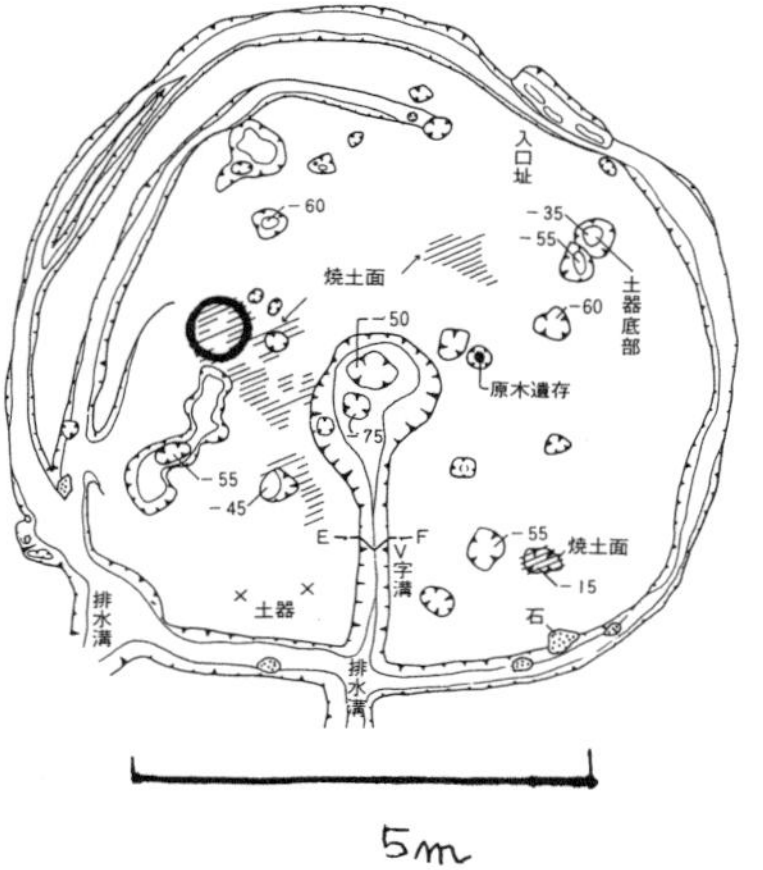

弥生住居内の円形焼土面（兵庫県会下山C号住居，芦屋市教育委員会「会下山遺跡」に加筆）

土のさかいは不明瞭で、ぼんやりと広がっている。それなのに、一定の範囲だけがはっきり焼けているのは何故なのか、疑問に思った。〝弥生後期にすでに置きカマド＝移動式カマド＝があったのだろうか〟とその頃ぼんやり思ったが、今に至るまで弥生の置きカマドのカケラもない。

　疑問は疑問のままで時が過ぎた。一九八六年、デンマークの屋外博物館を訪れた。その中に鍛冶屋があり、外に鍛冶炉がつくられていた。頭を切った円錐状で、底径約六〇センチ、口径約二〇センチ、高さ約五〇センチに小枝を組み、内外に土を塗って炉壁としている。炉内で火を焚けば、焼土面は外に広がらず、径六〇センチの円形になる。〝会下山はこれだ〟と思った。

　しかし、茶畑第一遺跡では今のところ金属滓《し》はないという。デンマークの鍛冶炉をヒントに、解決したかに見えた疑問は、また疑問に戻った。建物床面の明瞭な範囲の焼土面は、

〝建物の中に小さな台錐形の施設があり、その中で継続的に火を使用していた痕跡〟である。

鳥取県は〝因幡《いなば》の白兎《しろうさぎ》〟伝説地である。サメをだまして丸裸にされた兎を薬でなおしたクニであれば、不老長寿の仙薬を煎《せん》じていた、と夢想してもよさそうだ。土器のカケラに仙薬が沁みこんでいるかもしれない。

29 土間を焼く穴屋——韓国と日本

〝火災住居を二十棟余発掘中〟という金武重さん（京畿道畿甸埋蔵文化財研究院、当時）の誘いを受けて韓国に出かけた。二〇〇四年八月三十一日から三日間の短い遺跡めぐりで多くの住居跡をみせてもらった。

京畿道華城市東鶴山遺跡は、丘陵上にあって青銅器時代の住居群と粘土帯土器（無文土器）時代の環濠《かんごう》が重複している。

青銅器時代の穴屋は長方形で、炭化材の状況から見ると壁際に小柱を二本セットで立て、羽目板で土壁を押さえていたようだ。それよりも、驚いたのは穴屋の床（土間）の一部がカチカチに焼きしまっていることだ。

長方形穴屋は、幅四メートルで長さ一二～一八メートルあり、多くは、その三分の一の床が焼きしまっている。金さんによると、この時期、この地域ではよく見かける事例だという。穴屋の中に入ってしゃがみこんだ。焼土面をじっと見ると、厚さ五～一〇ミリの粘土を二～三層、床上に塗り込み、各層上面を焼いている。穴屋を掘り、床に粘土を貼《は》って

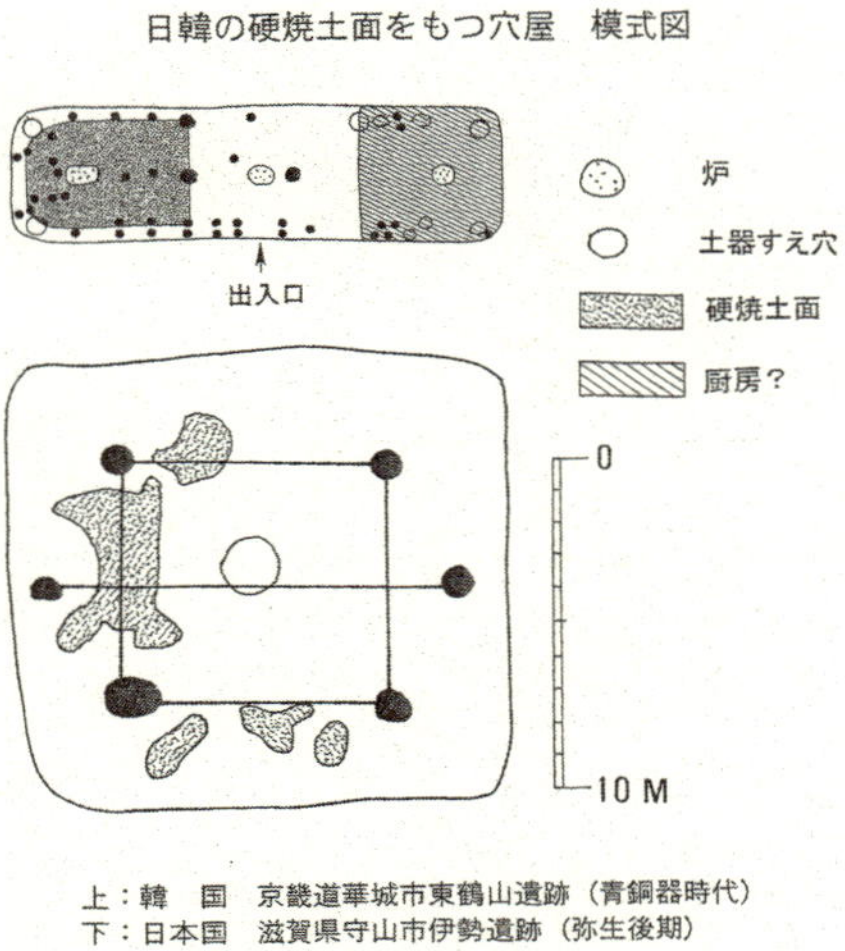

日韓の硬焼土面をもつ穴屋模式図（石野作図）

は焼きしめて硬い焼土面を作っている。焼土面の多くは赤変しているが、最も硬い床は鼠《ねずみ》色に変色している。

穴屋全体の柱と炉の配置を見ると、室内を三分割している例が多く、その内の一室の床を硬く焼きしめている例が多い。建物の床（土間）を硬く焼きしめている焼床を仮に硬焼土面と呼ぼう。穴屋の中の硬焼土面の範囲は、穴屋の大きさにもよるが、四×四メートルか四×五メートルが多い。ただし、硬焼土面は穴屋の壁直下までは及ばず、その手前二〇～三〇センチにある小柱穴の部分で止まっている。なお、硬焼土面の縁辺には小柱穴があり、部屋は間仕切りで区画されている。

長方形穴屋は、おそらく平入りで長辺中央部に出入口があり、中央の部屋をはさんで一方に硬焼土面のある部屋、他方に大型土器のすえ穴（水瓶か）数基をもつ部屋がある。中央の部屋は居室、硬焼土面の部屋は工房、水瓶部屋は厨房《ちゅうぼう》だろうか。ただし、推定工房からスラッグなど、それを証明する資料は特にない。

日本列島では、滋賀県守山市伊勢遺跡の一辺一〇メートルの方形穴屋の約四分の一がカチカチに焼けていた。穴屋の床の堀方は凸凹で、凹所に焼土などを入れ、その上面を焼きしめ、さらに壁にはレンガのような焼土？　を立てている（弥生後期）。発掘を担当した伴野幸一さん（守山市教育委員会）は、硬焼土面上の土砂をていねいに水洗いしたがスラッグなどは全くなかった、という。

東鶴山遺跡では銅ノミの鋳型も出土しているが、青銅器鋳造工房説は今のところ可能性の段階であり、〝未知の機能を持った施設〟として注視し続けたい。

六

弥生人——瀬戸内海と日本海沿岸

30 弥生中期の積石塚？

一九九七年七月、香川県東かがわ市成重《なりしげ》遺跡で香川県埋蔵文化財センター（担当・森格也氏）によって、弥生中期（紀元前二世紀）の積石塚《つみいし》約七基が発見された。日本列島の積石塚は、従来香川県高松市石清尾山《いわせおやま》古墳群など古墳時代前期（四世紀）が最古例とされていたから考古学界は驚き、疑いの眼で見ている。〝疑い〟は、①積石は人工か、②人工の積石としても墓なのか、③人工の積石塚だとしても年代は大丈夫か、の三点に絞られる。

私は、調査期間中に泊まり込みを含めて、四度現地を訪れた。森氏の説明を受けながら、現地で感じたことを〝疑い〟の項目ごとにお伝えしよう。

①積石は人工か？

成重遺跡は、弥生時代の川原に形成されているので礫《れき》はいくらでもかたまっている。そのため、礫群の盛りあがりがあっても自然か人工か見分けが難しい。しかし、幸いにも成重遺跡の積石は、土と礫を一定の範囲に交互に積んでいる例がいくつかあり、人工であることが分かる。一つの積石の大きさと形は、径一〇～二〇メートルの円形で、高さは五〇

弥生の積石塚━香川県成重遺跡（香川県埋蔵文化財センター調査，石野撮影）

センチ～一メートルである。

②積石は墓か？

成重遺跡は、調査中に現状保存が決まったため、七基の積石のうち基底部まで発掘したのは二基だけである。しかも、発掘した二基のうち墳丘下から木棺墓壙《ぼこう》（墓穴）が検出されたのは第三号積石の一基だけであり、その墓壙《ぼこう》も土層区分が難しく、現地を見た研究者の中には墓壙と認めない意見もある。

しかし、次の二点から積石は、やはり墓ではないかと考えた。第一点は、第一号積石の墳丘裾に木棺墓壙（墓穴）が四基並列していること、第二点は、積石塚と積石塚の間に弥生中期の土器棺墓があることである。この二点は、状況証拠として成重遺跡の今回調査地が弥生中期の墓地であることを示している。

③積石塚の年代は弥生中期か？

成重遺跡の積石の中には、多くの弥生中期の土器が含まれており、現地を見た研究者でそれを疑う者はいなかった。

以上、①〜③によって、私は成重遺跡は弥生中期の積石塚群と考えている。その根拠とするところの多くは、調査担当者の森氏の説明と現地観察による。

弥生中期（紀元前二世紀）の積石塚の存在を認めると、その出現の背景を考えねばならない。

積石塚をつくる風習のない弥生時代の日本列島に、なぜ突如として積石塚が出現するのか。積石塚は、その後、日本列島で継続して作られているのか、消滅するのか。四世紀の積石の前方後円墳との関係は？　など興味はつきない。

次項で考えてみよう。

31 積石塚は古墳に続くのか

前項、香川県成重《なりしげ》遺跡に日本列島最古の弥生中期（紀元前二世紀）の積石塚があることを紹介した。はじめに、弥生の積石塚の類例を探してみよう。

①弥生の積石塚は他にもあるのか？

香川県と徳島県に、弥生中期から古墳早期（三世紀）にかけての積石塚らしきものがある。

高地性集落として著名な香川県三豊市紫雲出山《しうでやま》遺跡に弥生中期後半（前一世紀）の礫群《れき》と列石がある。その上、同じ山頂に中世とされている積石塚がある。径七～八メートル余の不整円形に礫を積み、中央部に大石を四、五個おいている。礫群の大きさ・形、中央の大石など成重遺跡の積石塚と全く同じである。今後の調査に期待したい。

弥生後期の二世紀には、香川県善通寺市稲木遺跡がある。一辺三～一五メートルの不整形に礫群があり、その一つには外縁に弥生後期の土器が五個すえおかれていた。土器は礫群に沿って一列に並び、礫群への供献の感がある。

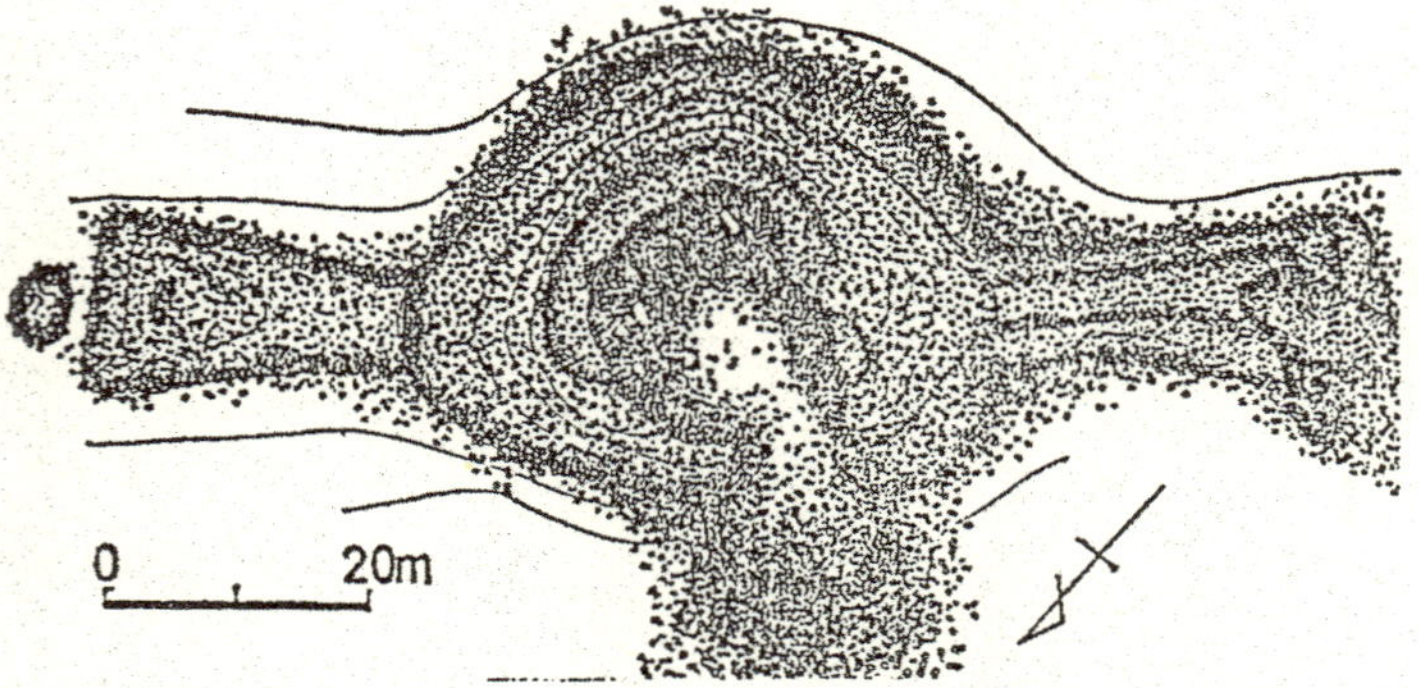

４世紀の積石中円双方墳―香川県石清尾山猫塚古墳（『讃岐石清尾山古墳群の研究』京都大学）

二世紀から三世紀にかけて、徳島県東みよし町足《あ》代《じろ》東原遺跡には、径二～六メートル余の円錐状積石が三十六基と全長一六メートルの突出部のある円丘墓一基がある。積石内に土器片があり、積石下に墓壙がない点で成重遺跡の積石塚と共通する。

②三、四世紀の前方後円形積石塚

三世紀後半になると、香川・徳島両県に日本列島最古の長突円墳積石塚が登場する。高松市鶴尾四号墳は、全長四〇メートルの積石の長突円墳（前方後円墳）で円丘部には内法四・七メートルの竪穴石室がある。共伴する土器は庄内式新相（弥生と古墳の中間に位置する土器様式）に並行し、三世紀後半に位置づけられる。

徳島県鳴門市萩原一号墳は、丘陵尾根端にある全長二六・五メートルの長突円墳で、後円部に内法長四メートルの竪穴石室がある。方丘部は細くて長く、初期の形態を示す。

これら先駆的な積石長突円墳に続いて、背丈ほどの階段状石垣を築く高松市石清尾山《いわせおやま》古墳群が出現する。中でも四世紀前半の石清尾山猫塚古墳は不整円形の中円部の両側に突出部がつく全長九六メートルの中円双方墳として著名で、中円部に九基の竪穴石室が並列していたらしい。

従来、積石塚は高句麗など朝鮮半島の墓制の影響のもとに出現したとされ、他方、長突円墳はヤマト政権への服属の証として築造された、と考えられている。この二つの通説が正しいとすれば、高句麗人が讃岐・阿波に地域政権を設け、ヤマトがそれを承認したことになる。はたしてそうだろうか。

二つの通説の一方が間違っているのかもしれない。二、三世紀の資料が増加すれば、謎が解けそうだ。

32 韓国西南部の墳丘墓

二〇〇〇年十二月二十五日から二〇〇一年一月十日の十七日間、韓国の忠清道と全羅道を走った。韓国は一月一日だけが休みで、あとは大学も博物館も、発掘現場もすべて動いているので、実に多くのものを見せていただいた。その中から特に興味を持った一〜三世紀の長台形墳丘墓について紹介しよう。

長台形墳丘墓が注目されるようになったのは、ここ数年のことで、最初の発見地は、全羅南道咸平群礼安里万家屯墳丘墓群である。現地は保存され見事に復元されていた。大は底辺の規模が幅一〇×長さ三〇メートル、小は六×一二メートルぐらいで、入れ子状に整然と配列されている。同じく咸平群月也面墳丘墓群は、大中小約二十基が群集し、小は大に寄り添うように設けられている。

全羅南道羅州市今谷里遺跡では、湖南文化財研究院が調査中の墳丘墓群を見学することができた。墳丘はほとんど削って平らにされていたが、木槨《もっかく》や甕棺《かめかん》が検出されていた。今谷里遺跡では、三世紀前半に台形墳丘墓、三世紀後半は卵形墳丘墓、三世紀末〜四世紀前

韓国の長台形の墳丘墓—咸平・礼安里古墳群　（石野撮影）

半に長台形墳丘墓へと変遷している、という。墳丘の一部が残っている例では、明らかにすべて盛土で高さは約二メートルはある。

一～三世紀の日本列島は、およそ弥生時代後期（近畿5様式）と庄内式期であり、方形周溝墓から墳丘墓（長突円墳＝前方後円墳＝を含む）の移行期に相当する。その時、朝鮮半島西南部の全羅南道を中心に台形・卵形・長台形などの墳丘墓が登場することは、列島の墳丘墓の変遷を考える上で無視できない。

列島には今のところ長台形の周溝墓も墳丘墓も存在しないが、卵形墳丘墓はある。寺沢薫氏（奈良県立橿原考古学研究所）提唱の纒向《まきむく》型長突円墳である。纒向型長突円墳の特色は、円丘部が卵形で高く、方丘部が低平な点である。羅州今谷里遺跡の卵形墳丘墓に対応するが、半島の埋葬施設は大型甕棺であって列島にはない。

今後、日本海沿岸の列島に大型甕棺をもつ卵形墳丘墓か長台形墳丘墓が発見されるのだろうか。むしろ、徳島県鳴門市萩原一号墳や奈良県桜井市ホケノ山古墳のように纒向型長突円墳で木槨をもつ例が増加しそうである。但し、両地域に認められる積石墓は、慶尚道にあるが全羅道にはない。卵形墳丘墓と積石墓が半島南部のある地域で合体し、列島に影響を与えたのではないか。

一月九日、大雪のため飛行機は飛ばず、再びマッカリを飲みながらこんなことを考えた。

33 山陰の物流拠点——鳥取県青谷上寺地遺跡

二〇〇〇年九月、ようやく鳥取県の青谷上寺地《あおやかみじち》遺跡を訪ねた。すでに昨年あたりから新聞などで部分的に報道されていたし、すさまじい遺跡だと聞いていたが、なかなか出かける機会がなかった。今回の発掘面積は、二〇×四〇メートル余でさほど広くはないが、弥生中期の柱や板材が散乱していた。弥生前期の生活面は、標高六〇センチと低く、後期でも二・五メートルで、径二〇〇メートル余の環濠がめぐっている。出土品は、鉄器二百、骨角器千、卜骨二百、銅鐸四、銅鏡五、貨泉（古代中国のお金）四、そして人骨百九体とすさまじい。青銅器も鉄器も骨角器もケタはずれに多く、しかも保存状態がよい。

個々の出土品を見学しよう。

銅鐸片が四点ある。近畿では銅鐸片が一点でも大騒ぎする。銅鐸の種類は？　いつ捨てられたのか？　なぜ捨てられたのか？　と疑問は次々にわいてくる。担当者によると銅鐸は突線鈕四・五式という新しいタイプで、弥生後期後半から古墳前期（布留一式）の間に捨てられているという。普通、銅鐸祭祀《さいし》は弥生時代で終り、新しい祭祀に切りかわった

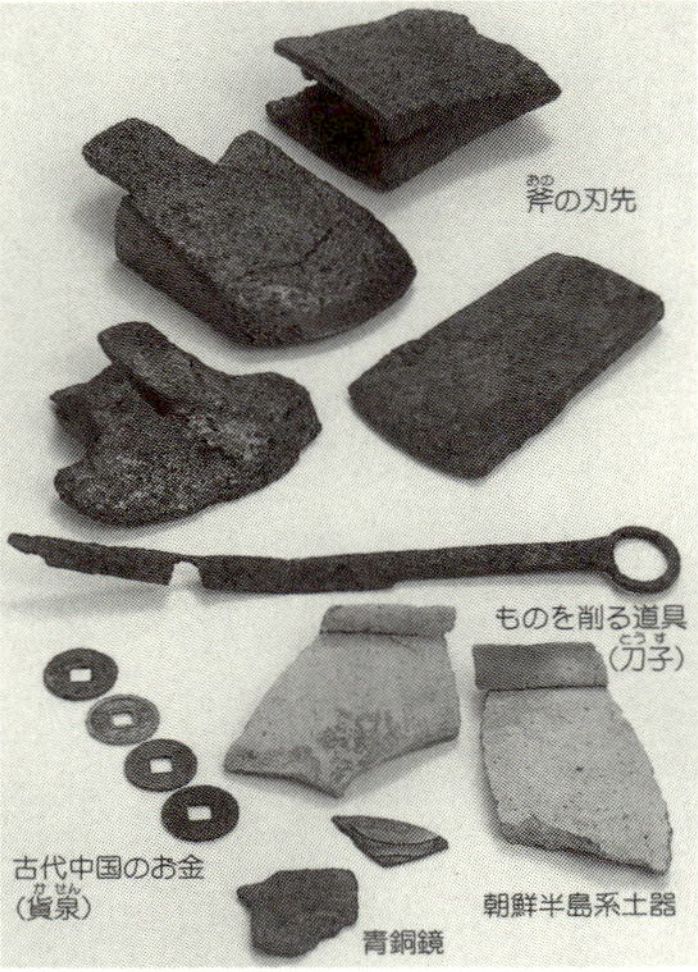

青谷上寺地遺跡から出土した斧の刃先、刀子（とうす）、貨泉、朝鮮半島系土器の破片など（鳥取県埋蔵文化財センター提供）

と考えられている。たとえカケラでも、古墳前期まで残されていたのか。かつて梅原末治氏（京都大学）が考えたように、鳥取では古墳時代まで銅鐸祭祀が続いていたのか？　改めて考えてみる必要がありそうだ。

　その上、銅鐸片の一つには連《れ》弧《こ》文《もん》鏡《きょう》（内行花文鏡《ないこうかもんきょう》）らしき文様が鋳出されている。弥生後期には連弧文鏡は西日本一帯に点々と認められるが、銅鐸と共伴することはない。民俗学者の三品彰英氏は、銅鐸は地的宗儀、銅鏡は天的宗儀にもとづく祭器と指摘され、賛同者が多い。そうであれば、両者は共伴しないのが自然である。それなのに、銅鐸に鏡らしきものが描かれているのは何ごとか。仮りに鏡ではないとしても、鏡の主文様の一つである連弧文であることは事実であり、銅鐸工人と鏡工人の関係など問題は拡がりそうだ。弥生時代の銅鐸工人が、古墳時代に鏡作りにたずさわったかどうかは未解決の課題であり、一つの重要な手がかりになる。

銅鐸鋳造工房がある奈良県田原本町唐古・鍵遺跡のすぐそばには鏡作神社があり、以前から注目されている。両者の関係を考えるヒントになりそうだ。

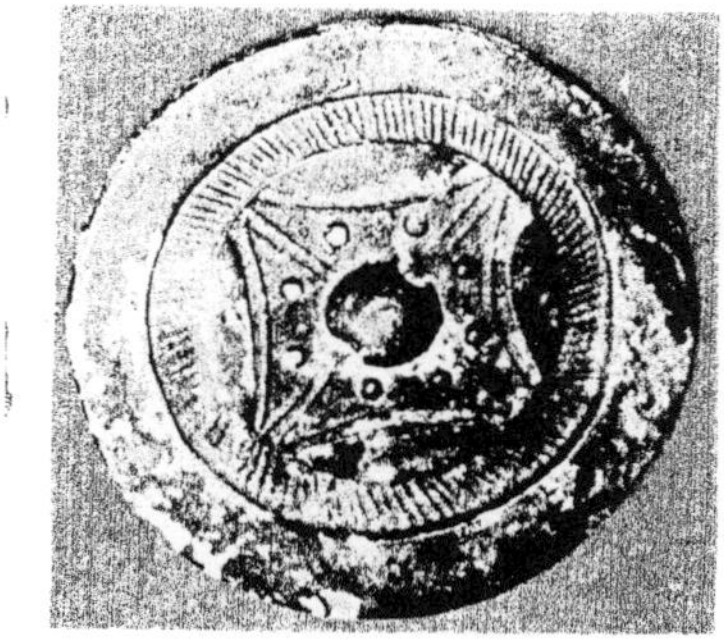

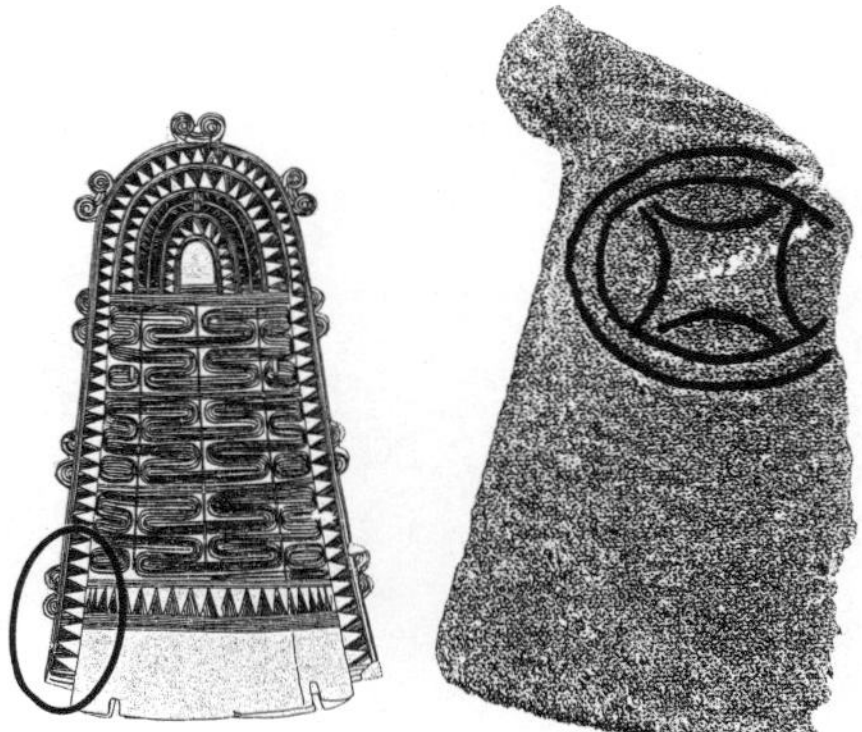

銅鐸の連弧文と連弧文鏡―鳥取県青谷上寺地遺跡（鳥取県教育委員会編『弥生の博物館　青谷上寺地遺跡』2003に加筆）

34 百九体の殺傷人骨は侵入者?——鳥取県青谷上寺地遺跡

百九体もの人骨は、やはりすさまじい。しかも、うち百五体には殺傷痕があるという。縄文~古墳時代を通じて、墓地以外でこれほどの遺体が集中しているのは初めてだ。だれでも思うのは戦争だ。戦争の痛ましい犠牲者。それなのになぜ、堀の中に埋められているのか。青谷上寺地ムラの人々であったらなおさら、そうでなくても〝堀に捨てる〟とは考えられない。伝染病だろうか? ムラには古墳前期まで人々が住み続けているのであって、捨てて、廃村にして引っ越したわけではない。宗教的殺戮《さつりく》、ムラの一画に遺体を埋める犠牲があったのだろうか? 謎は深い。墓地以外の遺体集中出土例の見直しが必要になってきた。

四点の貨泉も興味深い。貨泉は、西暦一四年から後漢初期にかけて作られた中国の貨幣で、日本では弥生中期から後期にかけて出土する。弥生時代の暦年代が不確実であるので、制作年代の分かる貨泉は、共伴する土器の実年代の推定根拠として重要である。青谷上寺地遺跡では、弥生後期から古墳前期の土器とともに新しいタイプの貨泉が四点出土した。

脳が見つかった弥生人骨（模型）（鳥取県青谷上寺地遺跡，鳥取県埋蔵文化財センター調査）

細かな検討はこれからであろうが、日本海沿岸の弥生年代の一つの基準となる。

一〇センチほどの線刻絵画のある石片が一点ある。線刻は、兵庫県豊岡市の袴狭《はかざ》遺跡の四世紀の木箱に刻まれた「イルカ」によく似ている。素材が木と石という差はあるが、共に日本海沿岸のイルカ漁を示す資料である。石川県能登町真脇《まわき》遺跡では、縄文時代の二百八十頭余のイルカ骨が集中出土しており、縄文以来の日本海文化の一端を示す。

一遺跡で二〇〇〇点を超える鉄器も、弥生時代の畿内では例がない。丹後の弥生後期の墳墓から鉄剣・鉄鏃《てつぞく》などの鉄器が北部九州と同等かそれ以上の比率で出土するが、銅鐸《どうたく》などによって弥生文化の一つの中心地と想定されている畿内（奈良・大阪・京都南部）では、一遺跡で数十点の鉄器はきわめて珍しい。丹後は近畿ではなく日本海文化の一中心地であり、青谷上寺地遺跡の鉄器もそのことを示す。

数えきれないほどの木製品があるのに農耕具は少ないという。木製品が出土する弥生遺跡では、普通、農耕具が中心となる。青谷上寺地遺跡のまわりは、今、一面の水田地帯である。しかし、弥生時代には海水が深く入り、あるいは潟湖であったかもしれない。それにしても水田適地はあったはずで、農耕具の少なさは地形だけではなく、ここの人々が本来、海洋民であることを示しているのだろう。だからこそ、交易品として貨泉・銅鏡・銅鐸などを入手し、豊かな文化をつくり上げていた。

七

文明開化と邪馬台国

35 私の邪馬台国①

一九八九年三月十四日朝六時三十分、友人数名と佐賀県鳥栖駅に着いた。駅前の喫茶店で朝食のあとタクシーを拾って〝邪馬台国へ〟と言ったら、車は静かに走り出した。これが私と〝邪馬台国〟との出会いである。

これまでに私は二度、〝邪馬台国〟を発掘したことがある。一度は、兵庫県尼崎市田能《たの》遺跡で、もう一度は奈良県桜井市纒向《まきむく》遺跡である。

田能遺跡は、大阪平野西北部にある弥生時代全期間と古墳時代前期にかけての集落跡である。今から四十年ほど前、近畿ではじめて弥生木棺墓が掘り出されて大騒ぎとなり、市民の熱意によってその一部が国指定史跡として保存された。この時、著名な歴史学者によって〝邪馬台国の一部に違いない〟と折紙がつけられた。

それから五年ほどして私は橿原考古学研究所に移ったが、また〝邪馬台国〟に遭遇した。纒向遺跡は、奈良盆地東南部にある古墳時代早期（三世紀）を盛期とする集落である。周辺には、初期ヤマト政権を象徴する箸中山（箸墓）古墳や「崇神《すじん》陵」・「景行陵」などの大

最初の弥生木棺墓—兵庫県尼崎市田能遺跡（尼崎市教育委員会調査）

型長突円墳（前方後円墳）がある。発掘調査によって推定二キロをこえる「運河」や西は山口県から東は静岡県、北は石川県や島根県などの特色をもった土器が約二十～三十パーセントも出土した。外部の人が多く出入りする集落、まさに〝都市〟だ。調査中に現地に来られたある研究者いわく、〝卑弥呼の宮殿掘っとるんとちゃうか〟。

それにしても当時、奈良駅で車にのり、〝邪馬台国へ〟と言っても全く通じなかったと思う。

私は、一九八〇年代には邪馬台国について発言したことはほとんどない。考古資料だけでは、邪馬台国は存在しない。文献によってはじめて、二世紀末から三世紀に邪馬台国というクニが存在したことがわかる。そこで、考古資料をもとに三世紀の地域史を復元し、文献と対比することはできる。

邪馬台国には七万余戸あるという。一戸が穴屋（竪穴住居）一基とすると七万基の穴屋がある地域ということになる。奈良盆地（東西一〇キロ、南北二〇キロ）には弥生時代後期の集落が約五十ヵ所ある。将来、詳しい調査によって百ヵ所に増えたとし、一ヵ所の集落で同時に存在した住居が平均して三十基だとすると、弥生時代後期の奈良盆地には三千基の住居があったことになる。弥生後期の住居数を大阪府は奈良県の倍とし、大阪府と奈良県を合せた範囲を邪馬台国と考えても一万戸に満たない。七万余戸にするためには近畿弥生社会を一国に考えてもおぼつかない。それでは、どこがふさわしいのか。

36 私の邪馬台国②

『魏志倭人伝』の「倭人条」の戸数記載は前回検討したように信用できないのであれば無視しよう。しかし、「邪馬台国」は別に〝一大率を置いて諸国を検察した〟が、女王自身は人里離れた――遺跡密度のまばらな地域に居館を構えた、と想像することもできる。そうすると、吉野ケ里のような大遺跡は、邪馬台国ではありえない。

吉野ケ里遺跡には「租賦《そふ》（税金）を収む邸閣《ていかく》（高倉）」があるという。高床住居と高倉を遺構で区別するのは難しいが十棟をこえる弥生中期の高床建物群は、鳥取県青木遺跡や香川県矢ノ塚遺跡などにあり、もし高倉であればクニグニで租賦を取りたてていたことになる。

吉野ケ里の場合、高倉群は、集落をとりまく外濠《そとぼり》の外にある。一九七四年、対馬の志多《した》留《る》を訪れたとき、高倉群は村（居住地）から離れたところに集めて建てられていた。村の人の話では、〝住居の失火から倉を守るため〟であるという。吉野ケ里の人もそうだったのだろうか。もしそうだとすれば、外敵よりも火事を恐れたことになる。外敵はあり得な

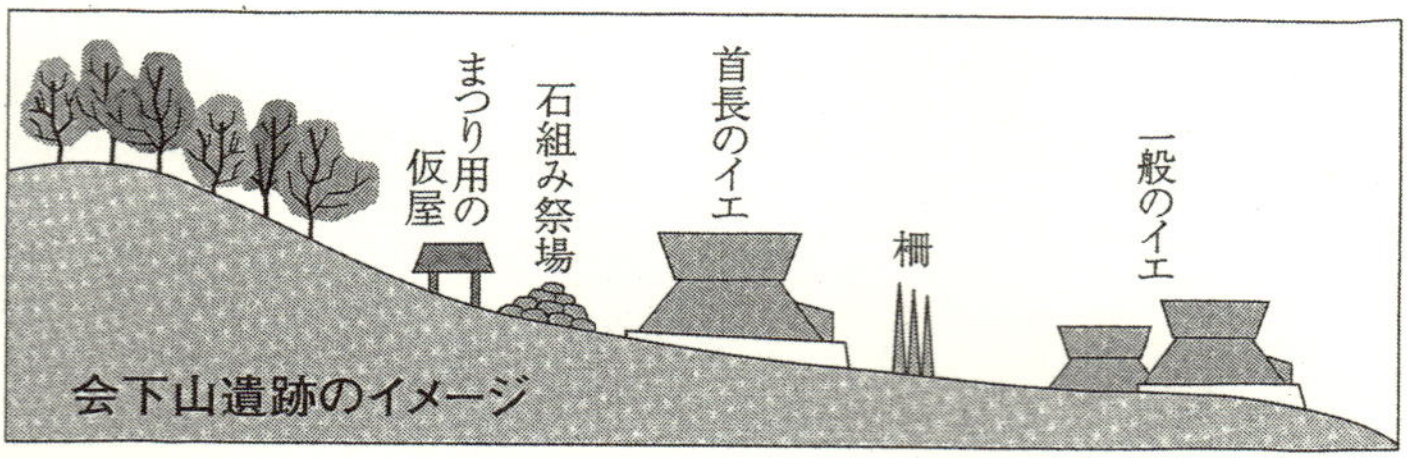

会下山遺跡のイメージ（石野作図）

いクニの中枢部なのだろうか？

「宮室・楼観・城柵、厳かに設け、……」

吉野ケ里遺跡ではじめて、弥生集落の「楼観」（物見やぐら）が注目された。内濠の一部が張り出し、高床建物が建つ。確かに柱は頑丈そうだし、のちの城郭の出丸のように突き出しているのも理にかなっている。しかし、高倉を外濠の外に出すほど安穏な世界でなぜ内濠に「楼観」なのだろう。〝用心のため〟なら、なぜ外濠にも数カ所設けないのだろう。はたして、内濠と外濠と高倉は同時に存在したのだろうか？　土器型式は同じでも、同時かどうかは難しい。

一九五八年、兵庫県芦屋市会《え》下山《げのやま》遺跡（弥生後期）で集落の中の最大の住居を区画する柵列を見た。まさに、城柵を設けている。驚いたが他の人はあまり驚いてくれなかった。大学を出た頃で強く主張する能力もなかった。「報告書」にそっと〝柵列跡〟と書いた。今もさほど誇大宣伝をしようとは思わない。岡山県谷尻《たにじり》遺跡のように、集落内で大型住居を区画する施設はいくつかある。そのうちの一つに過ぎず〝卑弥呼が住んでいた〟とは思わない方がよい。

吉野ケ里遺跡は、稀有な大環濠《かんごう》集落をほぼ全掘して、未知の世界である弥生人のクニの多くの部分に触れることができた唯一の場である。一千万をこえる人が訪れたことに象徴されるように、多くの人々の共有財産として〝弥生人とのふれあいゾーン〟を創生されんことを願う。

九州の邪馬台国？―佐賀県吉野ヶ里遺跡（石野撮影）

37 滋賀・守山の弥生楼閣群

琵琶湖のほとりに六畳間が九つもとれるほどの大型の高屋（高床住居）が見つかった。時は二世紀後半（弥生時代後期後半）、まさに「倭国乱」がおさまり、クニグニによって女王卑弥呼が「共立」されようとするころである。場所は、滋賀県守山市伊勢町の伊勢遺跡。大きな柱穴の列に驚き、近づいて柱穴の深さにまた驚いた。柱穴は小さいもので七五×二〇〇センチ、大きいのは一〇〇×三八〇センチの長円形で、深さは一二〇～一四〇センチもある。柱の直径は、痕跡からみて四〇～五〇センチで床面積は八八平方メートル（約五五畳）と大きい。

一九九二年、長野県諏訪市の諏訪大社御柱祭に参列した。七年に一度の大祭で延べ百三、四十万の人々でにぎわった。根元の直径八〇センチ、長さ一五メートルの大柱を山から切り出し、引き、立てる。柱穴は、約一・五×六メートルの長円形で、長径の三分の二はスロープになっている。柱をスロープに滑りこませ、滑車とロクロで少しずつ立てる。このスロープが伊勢の高屋のすべての柱穴にある。しかも、スロープのつく側は、すべて建物の外側であり、長い柱を滑り込ませる時、他の柱が邪魔にならないよう工夫している。伊勢の柱は、スロープを作らなければ立てられないほど太くて長い材であることが分かる。

建立された大高屋について、私は四世紀の大和の豪族居館の一つ、奈良県河合町・佐味田宝塚古墳から出土した家屋文鏡の高屋をイメージした。豪壮な入り母屋造りでテラスとベランダをもち貴人のための衣笠《きぬがさ》がさしかけられている。

滋賀県の伊勢遺跡と復元想像図（守山市教育委員会）

伊勢の高屋、下鈎《しもまがり》の「神殿」と、なぜ二世紀後半の滋賀に異質な大型建物が建てられたのだろうか。

『後漢書』や『魏書』などの中国史書によれば、二世紀後半は「倭国乱」の時期に相当する。「乱」に備えてムラのまわりに堀をめぐらし、時には高地にムラを構えて〝のろし〟

弥生の大型建物の柱穴―伊勢遺跡（守山市教育委員会調査，石野撮影）

をあげる。高地のムラを高地性集落＝高城《たかき》とよぶ。

近江の高城は、（大和）―瀬戸内海―九州ルートとは別に、（大和）―琵琶湖―日本海ルートの存在を考えさせる。大津市堅田の真野春日山遺跡をはじめ湖西ルートに高城があり、若狭に通じる。日本海は中国、朝鮮半島の先進文化を運ぶ。ここ数ヵ月、滋賀県栗東町と守山市で相ついで発見された二世紀の大型建物は、日本海ルートの産物と考えうるのではないか。近畿への先端技術の流入は、瀬戸内海ルートだけではないことを教えているように思える。

38 カレーライス、そして古墳出現 ①

一九九六（平成八）年九月四日、〝汽笛一声新橋の……〟で名高い一八七二（明治五）年建設のプラットホーム発掘中の東京都汐留《しおどめ》遺跡を訪れた。奈良を出る前に調査担当の東京都埋蔵文化財センターの現地事務所に電話をして了承してもらった。現地では、〝奈良の石野さんて二人いるのかナ〟と噂していたそうだ。私は、弥生や古墳が好きで、せいぜい中世集落遺跡を見るぐらいなので、〝もう一人の石野さんが来る〟ということだったらしい。

考古学をやってる奈良の石野さんは、今のところ一人なので、訪ねたのは本人だった。私の目的は、〝明治維新という政治改革、文明開化があったとき、日常容器はどのように変化しているのか、あるいは、さほど変化していないのか〟という点にあった。現地に着いてから、〝幕末から明治にかけての日常容器の動態を教えてほしい〟ことをお願いした。

鉄道工事は明治三年から始まり、明治五年に新橋―横浜間が開通した。建設に当たって外国人技師や職工の官舎が建てられ、明治二十年には外国人は帰国している。その官舎の

牛鍋屋（仮名垣魯文「牛店雑談　安愚楽鍋」から）

ゴミ穴にカレーライスの皿やとっくりなどが捨てられていた。西洋陶器は約二十パーセントで他は日本製の陶器だった、という。

私は、カレーライスを文明開化のシンボルと考えた。明治維新という政治改革があって、どれくらい後にカレーライス（文明）が普及するのか。言いかえれば、カレーライス皿が民衆の日常容器の中に加わるのは何時か、それと同時に日常容器の組み合わせがどのように変化するのか、を確かめたいと思った。

新橋駅の工事現場では、明治二十年までに外国人官舎に西洋皿が登場しているが、それ以外のゴミ穴からは特に出てこない。つまり新橋駅工事現場では、明治二十年までには日本人の食卓に西洋皿はほとんど登場していない、と考えられる。たまたま、調査員の中に永年、八王子市のニュータウン造成地の発掘調査を担当しておられた人がいたので、八王寺での西洋皿出土例をお聞きした。〝大正になってからです〟ということだった。単純化すれば、東京では明治二十年以降、八王寺では大正以降に、それぞれ西洋皿＝カレーライスが日本人社会に入って来た、ということになる。

奈良に帰ってから神戸市埋蔵文化財センターの人に会う機会があり、「異人館」周辺のカレーライス皿の出土例を聞いてみた。特に注意したわけではないが、出たという記憶はない、という。今後、神戸の「異人館」はもとより、長崎の「出島」など、文明の象徴としてたどってみたい。

39 カレーライス、そして古墳出現 ②

ところが、「新橋駅以前」にカレーライスは日本に入っていた。一八七二（明治五）年刊の『西洋料理指南』や『西洋料理通』には「カレー」の製法が紹介されており、「C&Bカレー粉とともに、イギリス式の調理法も一緒に日本へやってきた」という（小菅桂子『カレーライスの誕生』講談社選書、二〇〇二）。小菅さんによると、『西洋料理指南』は高級官僚が西洋料理を日本人に広めるために執筆したらしく、『西洋料理通』は、横浜にいたイギリス人が使用人に料理を作らせたときの手控え帳が種本になっている、とのことである。

幕末の一八五九（安政六）年に、日本は函館、神奈川（横浜）、長崎を開港しており、西洋文化が一部に浸透しつつあったようで、一八六三（文久三）年には日本人による初の西洋料理店、自由亭が大阪で開業し、巷では牛鍋屋が繁盛していたという。従ってカレーライス普及の素地はあったと思われるが、出土例から見ると民衆の日常容器の組み合わせ変化までには及ばなかったようだ。

長突円墳（前方後円墳）と弥生系土器—箸中山古墳

ここで、古墳出現期の問題が登場する。私は、弥生土器の伝統をそのまま受け継いでいる二世紀末の纏向《まきむく》一式期に長突円墳（前方後円墳）が出現した、と主張している。長突円墳の登場は政治、宗教改革を象徴するが、その時、日常容器には大きな変化はない、ということである。弥生土器をもった長突円墳があっても何もおかしくはない。羽織袴《はかま》に下駄《げた》をはいて文明開化を謳歌《おうか》し、カレーライスを食べても何もおかしくはないのと同じである。

高校時代に世界史で習った〝ゲルマン民族の大移動〟とか〝スペイン軍によるインカ帝国の征服〟などの事件の前後に、それぞれの地域で日常容器がどのように変化しているのか、知りたいと思った。ヨーロッパの考古学に詳しい人にそのような論文の有無を聞いたら、〝ない〟という。こんなことに関心をもつ研究者はいないそうで、暗中模索となった。

　帰り際に、汐留に来た本心を明かし、改めてお聞きした。〝鹿鳴館跡は発掘してませんか？〟と。〝していない〟とのことだったが、質問の趣旨は、鹿鳴館跡から下駄が出るか靴が出るかを知りたかった。洋服と靴、和服と靴、和服と下駄——一生懸命に西洋文化を取り入れようとした先輩たちは、どんなスタイルでダンスを踊ったのだろうか？

鹿鳴館とダンス（野上毅編『朝日百科日本の歴史』１０．朝日新聞社,1989）

八

大和の古墳

40 大型墓の出現

縄文時代には、（北海道と東北北部を除いて）墓地を区画して占有することはなかった。各地に水稲農耕が定着した頃、墓地を方形に区画し、有力家族がそこに埋葬されるようになった。方形周溝墓の出現である。方形周溝墓は、数千年間つづいた縄文時代にはかつてなかった墓制であり、その後、高塚古墳と共存して六、七世紀にまで継続した。つまり、方形周溝墓は日本古代の普遍的な墓であった。

ところが、弥生時代中・後期についてみると、方形周溝墓は近畿から関東にかけて分布するものの、瀬戸内中部から九州にかけては群としては認められない。ただし、瀬戸内中部には方形台状墓群があり、これを方形区画墓として同じ歴史的意味をもつものと考えると、九州に存在しないことがきわだってくる。

九州と東北に方形周溝墓群が採用されるのは古墳時代前期以降であり、従って、さきに述べた方形周溝墓の汎日本列島的分布が認められるのは古墳時代以降のことである。

古墳時代は、「前方後円墳の時代」とよびかえられるように、大きな長突円墳（前方後

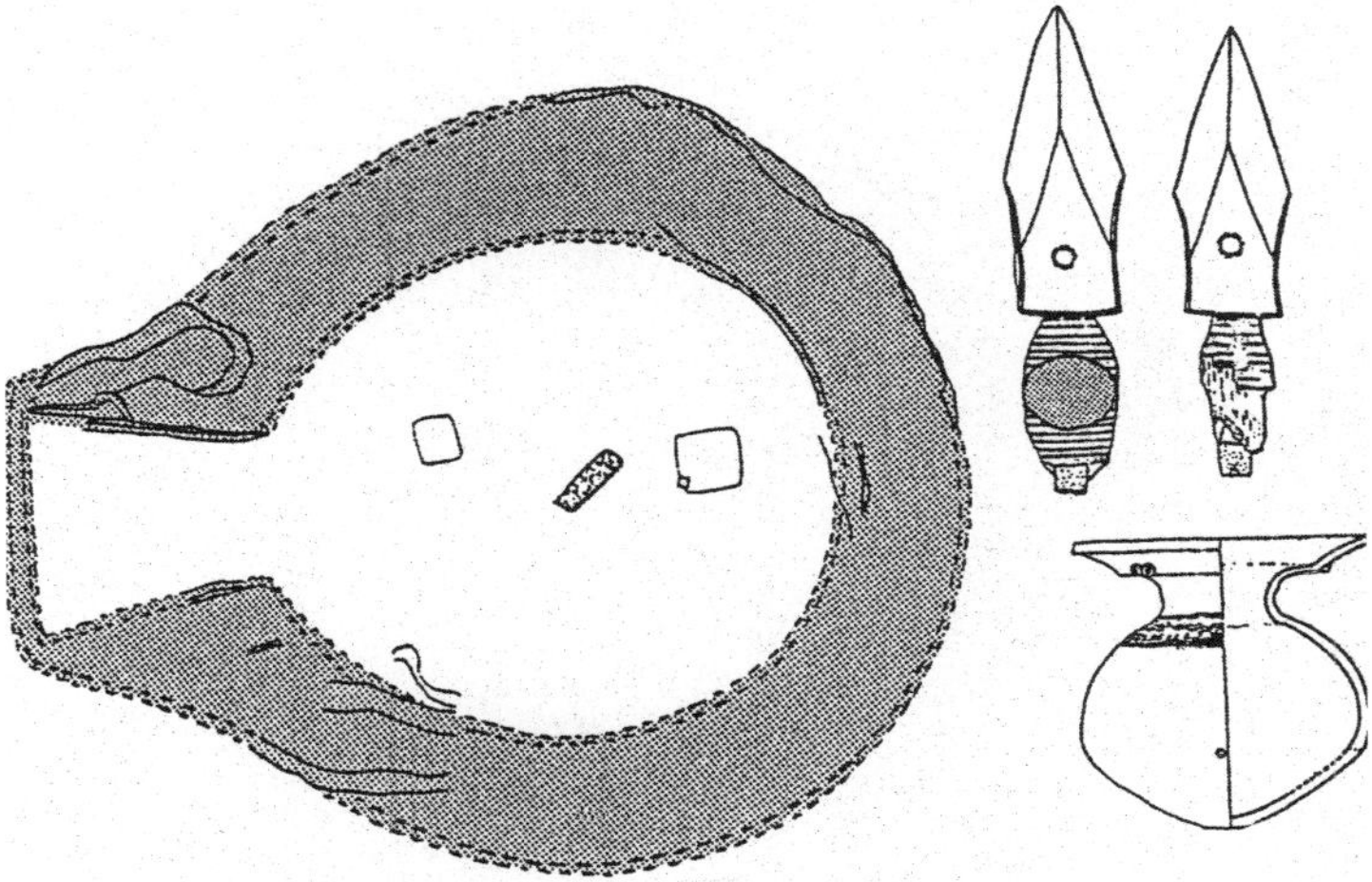

関東の初期古墳の墳丘と鉄鏃と土器─千葉県神門四号古墳（田中新史報告より抽出）

円墳）によって象徴される。長突円墳は単なる墓ではなく、王権継承儀礼が行われた場であるという。長突円墳が各級の王者の墓であるとすれば、方形周溝墓は庶民上位者の墓であろう。

この二つが、ほぼ同時期に九州から東北にかけて築造される意味は大きい。そして、先行する方形周溝墓が近畿で定着し、関東にかけていちはやく分布している意味を合わせて考えなければならない。

三世紀初、弥生土器に直続する纒向二・三式（庄内式）土器の段階に、千葉県に神門《ごうど》四号墳が築造されている。神門四号墳は、上総《かずさ》国分寺に接した見晴らしのよい丘陵上にある全長五〇メートルの長突円墳で、剣や玉類が副葬されている。

明らかに方形周溝墓とは格段の差があり、古墳とよぶにふさわしい。関東では次の段階には低い墳丘の長突方墳が各地に築造されており、墳丘規模に差はあるものの、近畿と同じ歩みをたどったようである。

近畿では三世紀初に奈良県の纒向石塚古墳が全長九三メートルの長突円墳として登場する。纒向石塚は、いまのところもっとも古い長突円墳であるが、これが特例でないことは同じ奈良県のホケノ山古墳（八〇メートル）や香川県鶴尾四号墳（四〇メートル）が突出部をもつ円丘形をとっていることによって知ることができる。いくつかはあげた大型墓は、すべて弥生時代に直続する時期の所産であり、私はこの時期から長突円墳の時代＝古墳時代と考えている。

41 古墳上の祭儀用の建物——纒向勝山古墳

二〇〇一（平成十三）年五月三十日から三十一日にかけて「邪馬台国は古墳時代」という報道が駆けめぐった。奈良県桜井市の纒向勝山古墳の周濠《しゅうごう》内の木材が年輪年代から新しく見ても西暦二一一年に伐採されたと橿原考古学研究所が発表したからである。二一一年という伐採年の判定が正しいという前提に立っても課題は残る。そのことについて考えてみたい。

一つは、周濠内木材の伐採年が古墳築造時期を示すという根拠は何か、という点である。これについて研究所は、木材群は墳丘上に建てられていた祭儀用建物の部材であり、木材表面に紫外線による劣化が認められないので伐採後すぐに使われ廃棄されたと説明している。

纒向勝山古墳の上に建物があったことは、未調査のため確認されていない。しかし、二世紀の島根県出雲市西谷三号墓の墳丘上には四主柱穴があるし、四世紀の桜井市メスリ山古墳墳丘上の二間×四間の柱位置と等しい埴輪《はにわ》配列などから墳丘上建物の存在は推

古墳周濠内の建築部材—奈良県纏向勝山古墳（橿原考古学研究所調査，石野撮影）

定してもよい（石野『古墳時代史』雄山閣、一九九〇）。

ただ、紫外線による劣化がないから直ちに廃棄した、という推定には疑問がある。それは、古材を再利用するとき表面を削り直す場合が多いことと、今回の建築部材群が柱や板の完品ではなく断片ばかりであることである。古材の表面を削って再利用し、新しい建物の寸法に合わせて不用部分を切断して埋めたという理解も可能である。つまり、調査事実から帰納できるのは、二一一年以前の古材を三世紀後半に再利用したということである。

それでは古材はどこに存在したのか。木材群は墳丘くびれ部の周濠内に集中していたことを重視すれば、外からの持ち込みではなく墳丘内にあった可能性が高い。墳丘上に主として二一一年以前に伐採した木材を用いた祭儀用建物があり、三世紀後半に大改築が行われたのではないか。

纒向古墳群内には箸中山古墳（箸墓）をはじめ、ホケノ山古墳、纒向石塚古墳、纒向矢塚古墳など、周濠内上層から多量の纒向四類土器が出土している。この時、纒向地域で大々的な祖先祭祀が行われたのではないか。その一環として纒向勝山古墳の墳丘上建物も新装されたと理解したい。一九〇年頃に「倭国乱」を治めるために登場した女王・卑弥呼の新思想「鬼道」のシンボルの一つとして「前方後円墳祭祀」が創設され、新時代を迎えたのである。纒向勝山古墳の建築部材の中の朱色の板材は、白木造りとイメージされている弥生建築とは異質な、新世界を象徴しているように思われる。

42 特殊器台と巫女王——吉備の葬具

弥生後期末＝二世紀末に吉備《きび》（岡山県）で生まれた葬送儀礼用具の一つに特殊器台がある。キビ以外で特殊器台を多用しているのはヤマトであり、そこから二世紀末にキビとヤマトが連携してヤマトに長突円墳（前方後円墳）を象徴とする政権を樹立した、と考えた（石野「卑弥呼登場」『女王卑弥呼の祭政空間』所収、恒星出版、二〇〇二）。邪馬台国がヤマトにあったとすれば、倭国の女王・卑弥呼の登場にかかわる。

ヤマトの三、四世紀の古墳は、奈良盆地東南部の〝おおやまと古墳集団〟に集中する。おおやまと古墳集団は、ヤマト政権の大王墓を含む古墳群であり、北部の萱生《かよう》、中部の柳本、南部の纒向の三古墳群によって構成されている。その中の一部の古墳が特殊器台（特殊器台型埴輪を含む）をもつ。

北群では、盟主墳である西殿塚古墳（全長二二〇メートル）をはじめとして、中山大塚古墳（全長一二〇メートル）、東殿塚古墳（全長一八〇メートル）、馬口山古墳（全長一一〇メートル）、燈籠山《とうろうやま》古墳（全長一〇五メートル）と十八基の長突円・方墳中四基に

特殊器台と壷（奈良県箸中山古墳箸墓，宮内庁）

あり、南群では、盟主墳である箸中山古墳（全長二八〇メートル）に限られる。ただ、南群には特殊器台はないが、特殊文様を刻んだ弧文円板が纒向石塚古墳にともなう。おおやまと古墳集団の中で、特殊器台をもつ長突円墳で最も古いのは中山大塚であり、次いで、箸中山古墳、西殿塚古墳、東殿塚古墳と続く。

さらに箸中山古墳の西四キロにある弁天塚古墳から特殊器台が現れた。墳丘はすでに埋没していて形も大きさも明らかではないが、周濠内の一部から約一・五メートル間隔で特殊器台が転落した状態で七本出土した。共判した土器は三世紀末である。特殊器台は墳頂部に樹立するのが普通なのに、墳丘裾に並べているのは円筒埴輪への転換を考えさせ、重要な調査となった。

箸中山古墳が『日本書紀』崇神《すじん》天皇十年条の箸墓である確証はない。しかし、三輪山麓《さんろく》にあって、三輪山の神が通って来たという伝承や「箸中」の地名が残っていること、広い意味の「大坂山の石」である大阪府芝山の石を使っていることなどから、箸中山古墳が箸墓である可能性が高い。

『日本書紀』では、箸墓の被葬者はヤマトトトヒモモソヒメであるという。同じく崇神紀十年条には、モモソヒメは、「能《よ》く未然《ゆくさきのこと》を識《し》る」力があって、武埴安彦《たけはにやすひこ》の反乱を予知したという説話が語られている。予知能力をもつ巫女の印象がつよい。

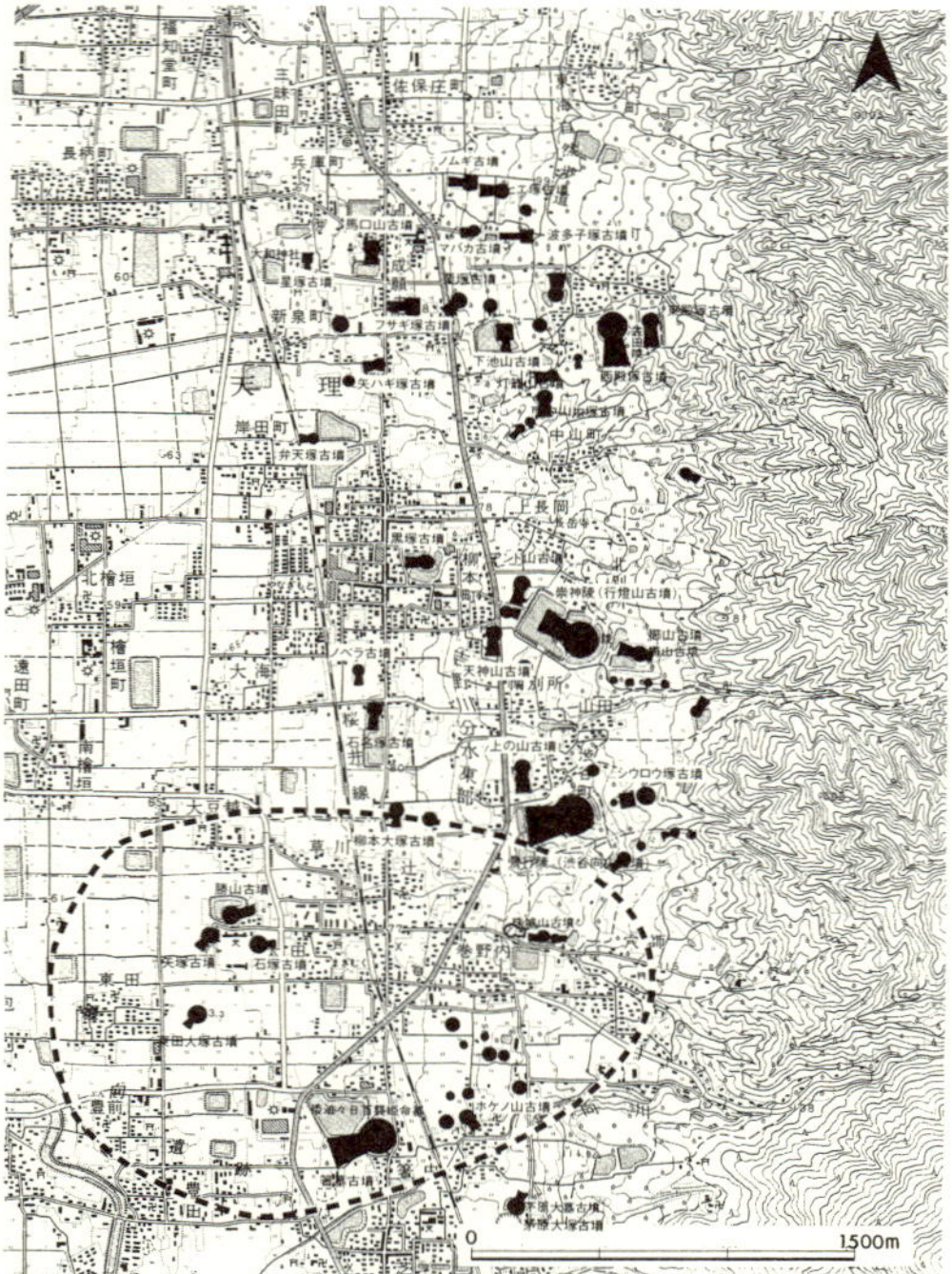

おおやまと古墳集団
（橿原考古学研究所編『黒塚古墳』学生社，1998）

43 女王から男王へ

奈良盆地東南部の〝おおやまと古墳集団〟のうち、西殿塚古墳は宮内庁によって継体天皇の皇后・手《た》白香皇女《しらかのひめみこ》の衾田墓《ふすまだぼ》に比定されている。継体天皇＝オホド王は、六世紀の大王であって、四世紀初頭の西殿塚古墳とは年代が合わず、明らかに比定違いである。

延喜諸陵式に、衾田墓は大和国山辺郡にあるとされているので、山辺郡内最大の古墳に当てたのであろう。しかし、なぜ「衾田墓」と呼ばれたのだろうか。「衾」には、〝きょうかたびら〟の字義があり、『孝経』（中国・戦国時代の書）には、「為之棺槨衣衾」とある。

一九九六年、西殿塚古墳に近い下池山古墳（全長一二〇メートルの長突方墳）の調査の時、興味深い事例を見た。竪穴石室全体を粘土で覆っているのは、前期古墳ではよく知られているが、下池山古墳では粘土の上に大きな布をかぶせていたらしい。「灰色粘土の上下には赤・黒などに染め分けた麻布を縞《しま》状に敷き込んでいた」（岡林孝作「竪穴式石室」『下山池古墳・中山大塚古墳調査概報』橿原考古学研究所編、学生社、一九九七）。

私はその時、「衾田道」「衾田墓」を連想した。「衾」が女性墓につながるわけではない

奈良新聞　第18536号　平成10年（1998）5月25日　月曜日

天理 下池山古墳 石室覆う巨大な麻布

赤黒縦じま模様で

悪霊から遺体守った？

縦13メートル、横6メートル、粘土層の上下に2枚ずつ

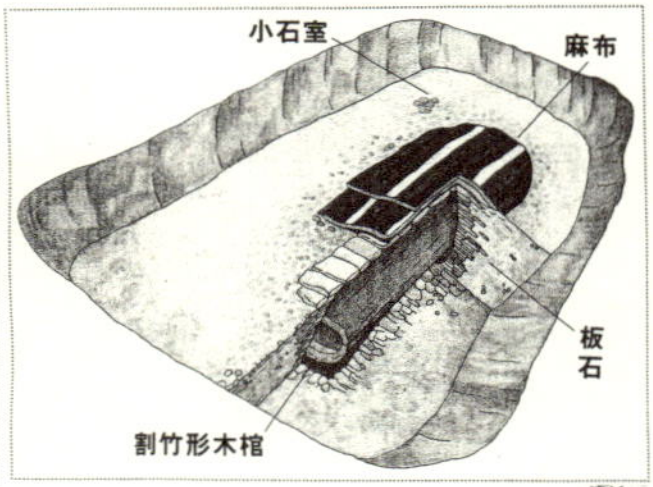

完形に近いくり抜き式木棺が見つかった天理市成願寺町の前方後方墳「下池山古墳」（四世紀初めごろ）の竪穴式石室を覆った被覆粘土が、赤黒二色のストライプに染め分けた麻布で覆われていたことが、県立橿原考古学研究所の分析で二十四日までに明らかになった。青山学院大（東京都渋谷区）で同日開かれた日本考古学協会の総会で、同研究所の今津節生・保存科学研究室長が発表した。遺体埋葬に伴う儀礼に関係するとみられ、粘土層全体を覆う巨大な縦じまの布が確認されたのは初めて。古墳に対するイメージを一新する資料として注目を集めそうだ。

下池山古墳は初期大和政権の最大候補地とされる大和古墳群にあり、同研究所が平成七年に発掘調査。竪穴式石室は後方部の中央に南北十八メートル、東西十二メートルの巨大な墓壙（こう）を掘って築かれており、古墳の主軸に沿って長さ六・八メートル、幅〇・九―一・三メートルの規模があった。

上に行くほど傾斜がきつくなるよう築かれた石室の上部は、厚さ約三十センチの粘土層で覆われ、赤色粘土、砂質土、灰色粘土、砂質土の四重構造。灰色粘土の上下に麻布の痕跡が確認された。

今津室長が麻布を蛍光X線で分析したところ、石室の長辺に沿って、約五十五センチ幅の赤と黒の七本の縦じまに染め分けられていること

竪穴石室を覆う布―奈良県天理市下池山古墳

が、大和国山辺郡萱生《かよう》の地域に、〝偉大な女性の墓がある〟という伝承があったのだろうか。だから、同地域の古道が衾田道と呼ばれ、そこに造られた墓が「衾田墓」と呼ばれた。

播磨風土記では、「手《た》白髪命《しらがのみこと》、昼は食さず、夜は寝ず、あるは生き、あるは死にて」御子らを捜し求めたという。ここにも何か神がかり的な雰囲気が漂う。

中群の柳本古墳群には、四世紀の大王墓である行燈山《あんどんやま》古墳（全長二四〇メートル・「崇《す》神《じん》陵」）と渋谷向山古墳（全長三〇〇メートル・「景行陵」）を始め、多量の銅鏡をも

つ天神山古墳や黒塚古墳があるが、どの古墳にも特殊器台がない。前二者は大王墓にふさわしく、そうであれば伝承では男王墓に比定できる。

おおやまと古墳集団の中で、特殊器台をもつ纏向古墳群と萱生古墳群の中心は女王墓であった。それが、特殊器台祭祀を払拭《ふっしょく》した柳本古墳群では、男王墓に変わった。卑弥呼的な台与《とよ》的な巫女《みこ》王の時代から男王系譜の時代へと転換した。伝承では、崇神天皇以降、しばらく女王は登場しない。

44 ヤマト政権の先導者像

奈良県橿原考古学研究所を中心とする調査委員会（樋口隆康委員長）によって一九九三（平成五）年七月十九日、ついに中山大塚古墳の調査が始まった。測量や墳丘調査を経て、九月にも埋葬施設にたどりつくらしい。そんな状況下、プロ野球のシーズン前の予想のようなことを考古学の世界でも、と私が行なった予測を紹介する。

なぜ、中山大塚古墳の調査が注目されるのだろうか。日本で初めて三世紀の大型長突円墳（前方後円墳）にメスが入るからだろう。中山大塚古墳がある奈良県天理市中山町とその周辺は、萱生《かよう》古墳群と呼ばれている前期古墳の集中地域である。全長一二〇メートルの西殿塚古墳をトップとして一八基の円墳と方墳があり、中山大塚古墳は全長一二〇メートルで第三位の大きさである。

特に中山大塚古墳は、大王墓に匹敵する規模をもっている西殿塚古墳と同じグループに属していて、なおかつ西殿塚古墳より古い。つまり、中山大塚古墳は四世紀初めの大王墓の先代、あるいは先々代に位置づけることができる。

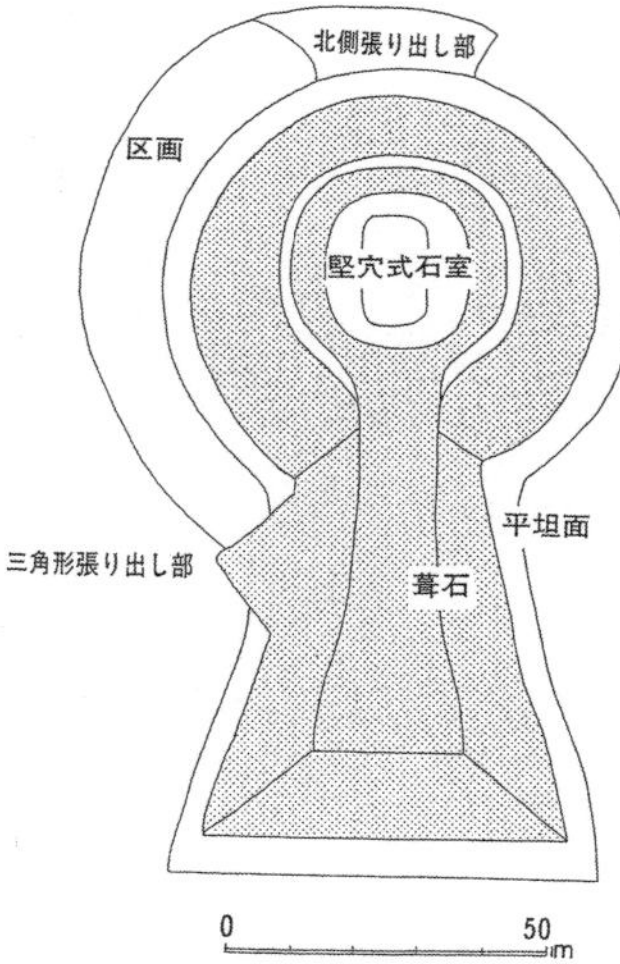

中山大塚古墳墳丘復元図（橿原考古学研究所）

ここで中山大塚古墳について、すでに分かっていることを整理すると、次の通りである。

①萱生古墳群中山支群にある全長一二〇メートルの長突円墳（前方後円墳）②円丘部と西くびれ部近くに低い張り出しを付設する。③墳丘には葺石《ふきいし》があり、特殊器台形埴輪をもつ。④埋葬施設は竪穴式石室といわれているが、不明確で、すでに乱掘されているらしい。⑤古墳の年代は、特殊器台からみて三世紀後半と考えられる。

①についてはすでに述べた。②の円丘部張り出しは、岡山県楯築《たてつき》古墳の中円双方墳（二世紀末—三世紀初め）を祖型とし、天理市柳本古墳群の櫛山《くしやま》古墳（四世紀後半）に継承されている。

吉備の特殊器台と大和の特殊文様が合体して成立したと考えられる特殊器台形埴輪は中山大塚古墳をはじめ箸中山（箸墓）古墳や西殿塚古墳からも見つかっている。初期ヤマト政権の大王墓に採用されていることは、大王権の成立に両地域が主導的な役割をはたしていることを示していよう。中山大塚古墳は、まさにそのさきがけである。

私は中山大塚古墳の調査に「初期ヤマト政権成立を先導したであろう被葬者像の追究」を期待する。被葬者像は桜井市の纒向石塚古墳とダブる。

銅鏡片—中山大塚古墳（木下亘・豊岡卓之『中山大塚古墳』橿原考古学研究所,1996）

45 中山大塚古墳の被葬者像

奈良県天理市の中山大塚古墳の円丘部墳頂には、一辺約三〇メートルの隅丸方形の土壇がある。その下に埋葬施設が設けられているに違いないが、上に建物＝祠堂《しどう》を建てていないだろうか。古代中国には「陵寝」と呼ばれる墓上の建物がある。一世紀の唐古・鍵（奈良県田原本町）の人々は中国風の楼閣を知っていたし、三世紀には魏との外交交渉を行っているので、新たな葬制の採用は十分ありうる。すでにその兆候は島根県西谷四号墳（三世紀）墳頂の四本の柱穴にある。

考古学に関心のある方々は、四世紀の大王墓の埋葬施設が長大な竪穴石室と割竹形木棺であることを知っている。従って、大王墓のさきがけと位置づけた中山大塚古墳が、この形を採用している可能性は高いが、そうでない場合はどのような形があり得るか。一つは、兵庫県西条五二号墳などの初期古墳にある短小な竪穴石室であり、さらに九州に多い箱形石棺が候補にのぼる。この想定の裏には、「西方から大和に来た人の墓―邪馬台国東遷説」がある。他方、割竹形木棺ではなく、桜井茶臼山古墳にある長持《ながもち》形木棺の場合がある。こ

中山大塚古墳の竪穴石室（橿原考古学研究所）

の時は、大王の棺に二つの系列を想定することとなる。

神戸市西求女《にしもとめ》塚《づか》古墳（四世紀）から十面の「卑弥呼の鏡」＝三角縁神獣鏡が出たと報道された。初期ヤマト政権の中枢地とされている柳本古墳群の天神山古墳（四世紀）は二十三面の鏡をもちながら三角縁神獣鏡はない。「地域の王に全部渡してしまったから残っていない」とも言われている。ところが、近くの桜井茶臼山古墳には三角縁神獣鏡がある。はたして中山大塚古墳はどうだろうか。出土する鏡の組み合わせによっては、三角縁神獣鏡が卑弥呼の鏡であるのか、改めて問われる。

二三九年、卑弥呼は魏に使いを派遣し、「親魏倭王」として「金印紫綬《しじゅ》」を受けたが、同時に使者の二人もそれぞれ位と「銀印青綬《せいじゅ》」を受けている。その後、使者はどの程度長生きしたか知ることはできないが、三世紀後半という古墳の年代はまさに近いし、古墳の格もふさわしい。この時に「銅鏡百枚」、「五尺刀二口」をはじめ錦や絹などさまざまな織物を受けている。金属製品は乱掘で消えているとしても、錆びた刀片に付着する織物片が邪馬台国の鍵を握っているかもしれない。

以上は、調査前の予測で、調査の結果は次の通りである。

①古墳上の祠堂は後世に山城として利用されたため確認できなかった。

②埋葬施設は通説通り竪穴石室と割竹形木棺であった。

③以前の乱掘のため副葬品は僅少《きんしょう》だが、鏡片は初期古墳に多い鏡であって、三角縁神獣鏡片はなかった。

④「銀印」も「五尺刀」も不明である。

古墳の発掘調査でも、根拠のある予測と調査事実にもとづく反省が必要であろう。

46 「陵戸」と「墓戸」――古墳の墓守り

『日本書紀』持統天皇五年十月の詔に、「およそ先皇の陵戸《りょうこ》は、五戸以上を置け」とあり、おそらくこれ以前から天皇陵には陵戸、守戸《しゅこ》を置いて陵墓を守衛したことが推定されている。

飛鳥以前に陵墓を守衛する風習はなかったのだろうか。考古資料をたどってみよう。

一九七五年、橿原考古学研究所は斑鳩《いかるが》町瓦塚一号墳を調査した。瓦塚一号墳は、四世紀末の全長九七メートルの長突円墳（前方後円墳）で円筒埴輪が二重にめぐっている。方丘部埴輪列の外側に接して六世紀の須恵器群が置かれていた。瓦塚一号墳の北方丘陵には六世紀の古墳群があり、そこを葬地とする人々が瓦塚一号墳の被葬者を先祖と意識して祀《まつ》ったのであろう。

瓦塚一号墳の須恵器群を現地で見たとき、渋谷向山古墳（「景行陵」）の円筒埴輪内の須恵器𤭯《はそう》を思い出した。渋谷向山古墳は四世紀後半の大王墓であり、五世紀後半に追祭祀が行われた証と言える。

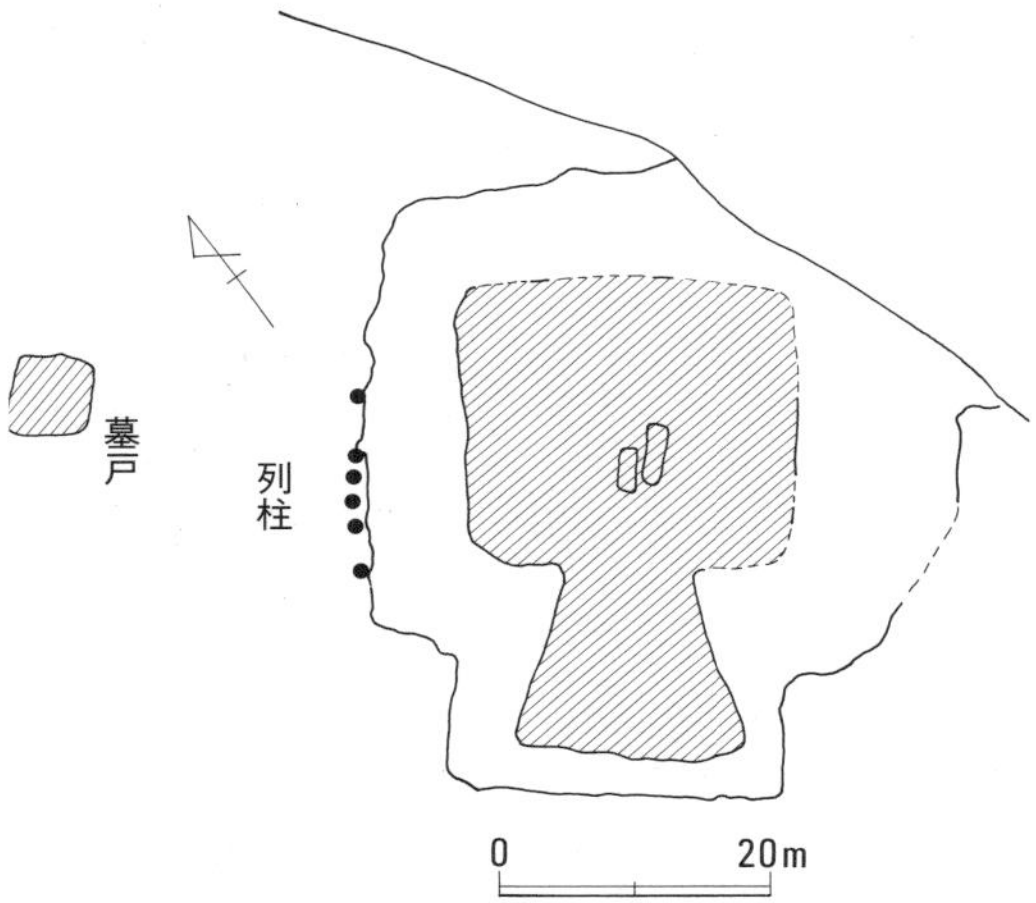

滋賀県神郷亀塚古墳の列柱と墓戸（能登川町教育委員会調査）

二〇〇二年、滋賀県東近江市神郷《じんごう》亀塚古墳の周辺から五世紀後半の穴屋（竪穴住居）が検出され、古墳を守るための建物として報道された。神郷亀塚古墳は全長三六メートルの長突方墳（前方後方墳）で、調査者は三世紀前半と考えている。墳丘には幅一〇メートル余の周濠があり、その西側の周濠外縁に列柱が並び、列柱の西方二〇メートルに穴屋一棟がある。穴屋からは須恵器の高坏《たかつき》が多く、他の日常容器がない。私は、のちの「陵戸」にちなんで「墓戸」と呼ぶことにした。

その上、周濠外縁の列柱は、奈良県橿原市植山古墳の七世紀の類例に先行する稀有な実例である。『日本書紀』推古天皇二七年十月条によると、大柱は欽明天皇陵にも立てられていた。

墳丘の裾や墳丘上の立柱は、三世紀初頭の奈良県桜井市纒向石塚古墳から六世紀の京都府長岡京市今里車塚古墳に至るまで若干の類例があるが、周濠外縁への立柱は岡山県赤磐市両宮山古墳外堤の例が知られているだけである。

神郷亀塚古墳の立柱は、三世紀前半とされる初期の古墳に対する五世紀の追祭祀である。列島各地に戦乱をまきおこした五世紀後半のワカタケル大王の頃、各地の始祖王に対する祭祀が各地域豪族によって挙行されたのだろうか。

壬申の乱の時、大海人皇子が「神武陵」を祀り、戦勝を祈願したように。

47 古墳の拡大と縮小

一九六七（昭和四二）年、兵庫県たつの市養久山《やくやま》古墳群の発掘調査が岡山大学と地元研究者の共同で行われていた。調査中の全長三一メートルの長突円墳（前方後円墳）である一号墳に立ったとき奇妙な穴に気がついた。長径三〇～五〇センチの浅い穴が、円丘部と方丘部の境いの円丘裾に弧状に連続して並んでいた。墳丘の盛土をじっと見ると、方丘部の盛土が穴列の上にかぶさり、円丘部盛土の上に乗っている。もしかしたら先に円丘部をつくり、後に方丘部をつくるときに、円丘部の裾石を取って盛土したのだろうかと思い、調査者にお聞きしたら、〝そうだ〟と言う。

忘れかけていた頃、一九八〇年十二月に福岡県春日市日拝塚《ひはいづか》古墳の発掘現場で、久々に極めてはっきりした事例に出会った。日拝塚古墳は六世紀前半の全長四六メートル余の長突円墳だが、円丘部を全周する幅三・五～四・五メートルの周濠がめぐらされている。つまり、方丘部は周濠の上に乗っている。明らかに、円丘部をつくったときは円丘だけであり、周濠内に土砂が堆積するか埋め土した後に方丘部を付け足したことになる。

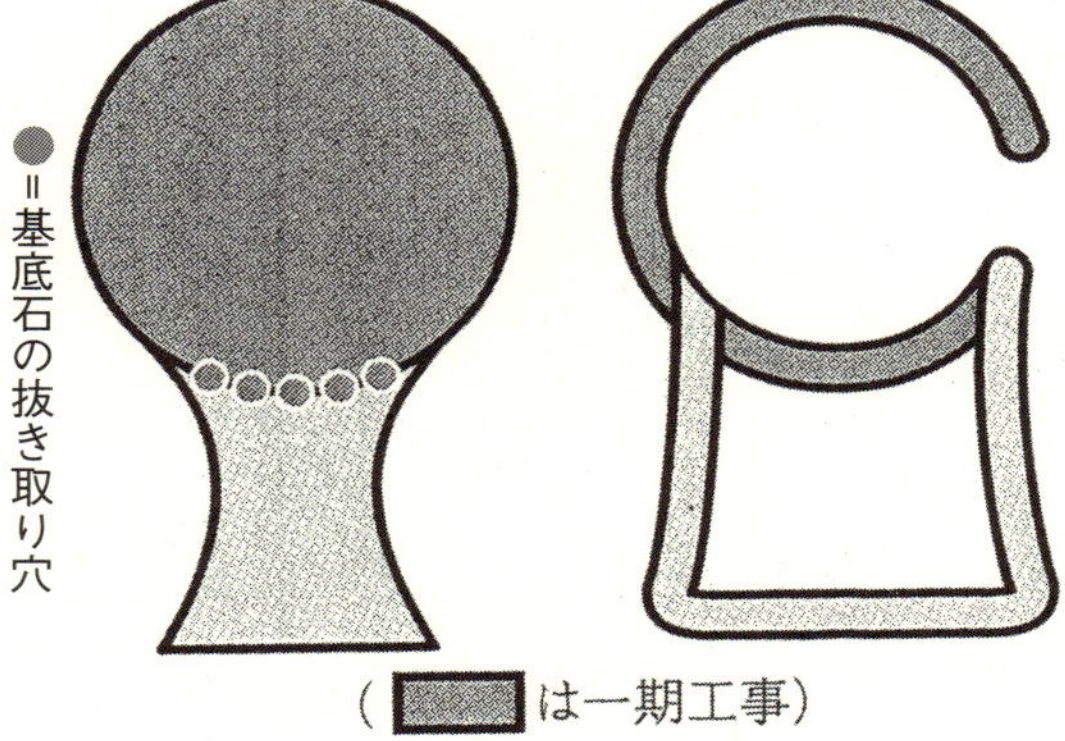

兵庫県養久山１号墳と福岡県日拝塚古墳（石野作図）

　一九七五年に見た大阪府高槻市 昼神車《ひるがみくるま》塚《づか》古墳の円丘部盛土の断面は特異だった。昼神車塚古墳は六世紀前半の全長五六メートルの長突円墳で、相撲力士や犬・猪《いのしし》などの埴輪群で有名だ。径三〇メートルの円丘部のうち、東側約四メートル分は後につぎ足したことが、はっきりと盛土断面に現れていた。

　この頃から、長突円墳の築造方法の手順だけではなく、古墳の拡大を考えるようになった。

①当初、円墳としてつくったのに、後に方丘部をつぎ足して長突円墳にした。

②当初、全長五〇メートルの長突円墳としてつくったが、後に全長七〇メートルに拡大した。

①・②のような事実が墳丘築造の数十年後に起こっていたとすれば、「寿陵《じゅりょう》」との関連を考えねばならない。寿陵とは、生前造墓であり、『日本書紀』によれば、仁徳天皇は生前に、墓の場所を探しに石津原に出かけ、「百舌鳥耳原《もずのみみはら》」の地を陵地としたという。大王に限らず、古墳は基本的には寿陵であろう。おそらく「家長」になったときに造墓を始め、墳頂部の造作や埴輪配列以外は完工していたと考えられる。墳丘の形や大きさに階層差があるとすれば、家長就任のときは円墳級であったが、死亡時には長突円墳級になっていた、と想像できる。この逆もあったかも知れない。

48 日本古代の風葬①

一九八四年七月に訪れた沖縄県八重瀬町の観光地、玉泉洞《ぎょくせんどう》に風葬があった。観光バスが出入りする駐車場のすぐ下の岩陰に人骨が集められていた。風葬とは、「死体を樹上や山林・平地に運び、地中に埋めずにさらしておく葬法」（『広辞苑』岩波書店）である。以前に私は、埋葬施設のない弥生時代の方形周溝墓は、墳丘上に木棺を置いただけの風葬の場だという故楠元哲夫さん（橿原考古学研究所）の考えに、反対した。〃どないして証明するんや〃と。

しかし、だんだんと日本古代に風葬があったのではないか、と思うようになって来た。

そのきっかけは、一九九五年に訪れた東京都豊島馬場遺跡だった。三世紀の方形周溝墓の周溝内に長さ一一〇センチ、径一〇センチの杭《くい》が数本あり、先端約三〇センチは土中に打ちこまれた痕跡があった。杭の頭部には横木を通す穴があり、私は柵だと考えた。〃埋葬施設を囲む柵〃と考えるのが常識的だが、楠元説に惹《ひ》かれると墓上の木棺を囲った柵になる。さらに同年に訪れた千葉県館山市大寺山洞窟遺跡には、海に面した洞窟の中に船が

千葉大考古学研究室による洞穴内の船葬の調査―千葉県大寺山遺跡（石野撮影）

積んであり、中に遺体がそれぞれ数体置かれている。漁民にとって最も大事な生産用具である舟に乗って、死後、海のかなたの世界に行きたいという願望の表れだと思う。

六世紀の海洋民の墓である。和歌山県田辺市磯間《いそま》岩陰の五・六世紀の豊かな副葬品をもつ葬地も『出雲風土記』の「黄泉《よみ》の穴」に当てられている日本海に面した猪目《いのめ》洞窟も、風葬と考えてよさそうだ。

一九九四年二月、愛媛県松山市葉佐池《はざいけ》古墳を訪れて驚いた。全長五〇メートルの六世紀の長突円墳（長い突出部をもつ円墳＝前方後円墳）に設けられた横穴石室内に木棺が腐朽せずに残っていたのである。さらに、木棺の横に板一枚の上に置かれた遺骨があった。〝横穴石室は遺体を骨化する場ではないか〟という永年の疑問が再び浮かんできた。横穴石室内の玄室（主な葬室）は、普通は立って歩けるほどの空間があり、石棺や木棺を安置したあとに土砂で埋めることはない。石室上には封土があるが、石室内は空間である。板の上に置かれた遺体は、土砂に触れることもなく静かに骨化していった。これは風葬だ、埋葬ではない、と感じた。

黄泉の洞穴—島根県猪目洞窟（石野撮影）

49 日本古代の風葬 ②

五〜七世紀に日本列島に普及した横穴石室墳は「家族墓」であり、追葬を行うのが普通である。つまり、さきに葬った遺骨を片付け、次の遺体を葬ることが普通に行われている。その時、遺骨を持ち出し、小さな石室に再葬することもあったのではないか。奈良県御所市石光山古墳群には、幅五〇×長さ八〇センチの小石室内に成人骨が埋葬されていた。遺体のままではとても入れない大きさである。今までは、どこかに土葬した後に、遺骨を取り出して再埋葬した、と考えていたが、横穴石室からの再葬も考えねばならない。

一九九七年十月、中国、長江上流の観光地、〝三峡〟を川船で下った。ほとんど垂直に近い数十メートルの崖の面のところどころに穴があり、木棺の一部がはみ出しているのが見える。どうやって遺体の入った棺を吊り上げ、あるいは吊《つ》り下げて、穴の中に納めたのか、不思議な思いで見上げ続けた。四川省重慶市博物館を訪れたら、これらの崖墓の木棺が展示されていた。幅〇・八×長さ五・三メートルの舟形で、春秋時代（前八〜五世紀）だという。すでに学会誌にも報告されていて著名だ。これも風葬だ。

（横穴石室内－右側が板上の遺骨）

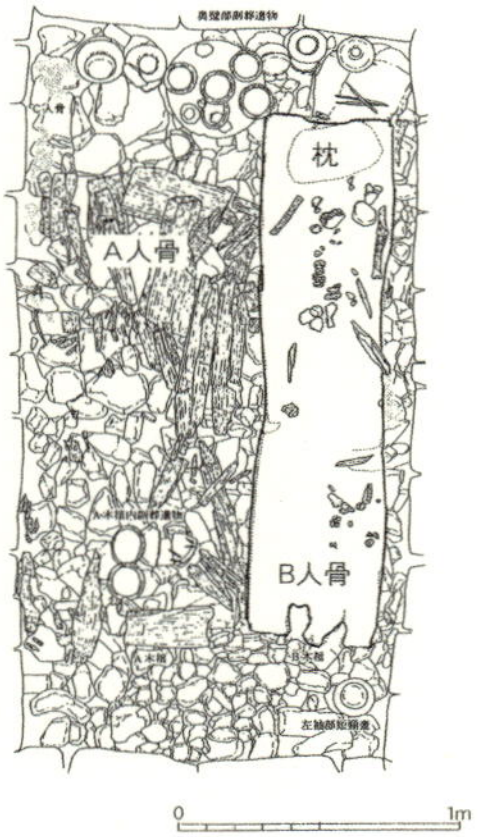

横穴石室内の風葬―松山市葉佐池古墳（松山市教育委員会調査）

山深い谷あいの洞窟に百を越える木棺を積み重ねていたのはフィリッピン、ルソン島北部のルミアン洞窟である。一九九九年二月に、道から約四〇メートル下って洞窟に入った時には、冷気とともに霊気を感じた。うずたかく積まれた木棺の身と蓋《ふた》は、木のクサビで止めてあるが、岩間からしみ出てしたたり落ちた水が当たる所の柩《ひつぎ》は腐り、すきまから骨が見える。地の底から〝しとしとしと〟という音が聞こえてきそうだ。まさに『死者の書』（折口信夫著）の世界だ。

インド、ナガランド州の村はずれの山中では、風葬小屋を見た。大きさ約三×五メートルの仮小屋の中に二体横たわり、遺体には布がかけられていた。男女は別々の小屋で、数十メートル離れた仮小屋にそれぞれ安置されている。

関東・東北の縄文・弥生時代には土器に成人骨を入れた再葬墓がある。土葬もあったであろうが、樹上葬や岩陰などに風葬した後、洗骨して土器に納め、再葬した可能性も十分考えられる。どうやって証明するかは難しいが、意識した調査を期待したい。

インド　ナーガランド州の風葬（石野撮影）

50 大和・四条古墳の木製葬具

一九八七年七月、橿原考古学研究所は橿原市四条古墳の堀の一部を掘りはじめた。十数メートルの範囲から埴輪と木の盾形や笠《かさ》形の木製品がつぎつぎに現れた。そして、九月二十七日、写真撮影のためすべてのカバーを取り除いた時、一辺三〇メートルの方墳の堀に浮かぶ四百点余の木製品の立ち姿が想像できた。新しい造山《つくりやま》―墳丘を背景に立ち並ぶ土と木の造形。まさに、盾列《たたなみ》である。

『日本書紀』仲哀天皇即位前紀によれば、成務天皇は、「倭国の狭城盾列陵《さきのたたなみのみささぎ》に葬りまつる。盾列、此《これ》をば多多那美《たたなみ》と云ふ」とある。同様の記事は、神功皇后の「狭城盾列陵」にも見られるし、『延喜式』の陵墓記事に継続されている。

近代考古学の祖と仰がれる浜田耕作先生(元京大総長、一八八一〜一九三八)の論文「前方後円墳の諸問題」によれば、盾列は平城宮北方の地名であり、そこには「成務陵」「神功陵」をはじめ、四、五世紀の大型長突円墳がるいるいと築かれている。著名な佐紀盾列古墳群である。

古墳の木製葬具―奈良県橿原市四条１号墳（橿原考古学研究所付属博物館）

四条古墳の多量の木製品に接したとき、その形状は盾を並べた姿、つまり〝盾列だ〟と感じた。師の末永雅雄先生もそこに意義を見いだされていた。『古事記』、『日本書紀』が編さんされた奈良時代はじめの頃、「成務陵」や「神功陵」に木製葬具が樹立されている姿を見ることができた、とは思えない。それにもかかわらず、「盾列」という地名が伝承された背景には、かつて両陵には「盾」が立ち並んでいた、と伝えられていたのではないだろうか。

四条古墳の木製品で量が多いのは笠形（四十四点）、杭《くい》形（三十点）、儀杖《ぎじょう》形（二十六点）であり、他は一、二点ずつである。儀杖形木製品には茎《なかご》（＝突き差す部分）があり、すべてその部分が腐蝕しているので茎を地面に突き立てたと考えてよい。立てるときに笠形木製品を台としていたのだろう。笠形には大、中、小があるので、笠形自体も組み合わせて使用されていたかもしれない。

四条古墳とほぼ同時に調査され、同様の木製品が検出された天理市小墓古墳の担当者である泉武氏は、笠形木製品に山形の彫刻があることを指摘された。「山形に突きたてられた儀杖」、ここに一つの象徴があり、古墳祭祀の思想がある。

四、五世紀の古墳は、単なる墓ではなくて王権継承儀礼が行われた祭場であったが、六世紀の古墳は普通の墓となった、と考えている。そこに古墳の変質があり、変革期に多量の木製葬具が登場したのであろう。

佐紀盾列古墳群西群（撮影末永雅雄先生）

51 実在しない年号の鏡と鐙

宮崎県高鍋町の持田古墳群からは、貴重な「景初四年銘竜虎鏡」が出土している。この鏡には、実在しないはずの「景初四年」という文字が刻まれている。

「景初四年」は西暦二四〇年に当たる。弥生から古墳時代に変わった頃で、女王卑弥呼の邪馬台国が日本のどこかにあった時代だ。鏡は卑弥呼の使節団が、今の中国である魏の国から持ち帰ったと考えるのが、まずは妥当だろう。

だが魏の皇帝は景初三年一月に亡くなり、年号は変わっているはず。当時のしきたりから、官営の鏡製造所の職人が作ることは考えにくく、中国国内からもたらされた可能性は薄くなる。とすると、使節団が魏と往復する旅程で手に入れた線が浮かび上がる。

当時、朝鮮半島中部には、帯方という魏の植民地があった。使節団は、そこの役人の案内で魏と行き来した。

おそらく帯方の地域的事情で「景初四年」の鏡は作られた。宮崎からも使節団に参加したメンバーがおり、皇帝から直接ではなく個人で手に入れたのではないか。

箸中山古墳で見つかった国内最古の馬具・鐙

　二〇〇二年九月、宮崎市の檍一号墳から、国内では珍しい「木槨墓」が見つかった。六本の柱を立てて棺の入った墓室を覆う構造の埋葬施設で国内最大。二年ほど前に見つかった奈良県ホケノ山古墳の例と、まるで同じ設計図を使ったように似ている。

〝ログハウス〟のようなこの墓は、国内の例は少ないが、韓国には三十例ほどが確認されている。宮崎の古墳時代の人は一方は国内の政権と、一方は朝鮮半島と交流があったのだろうか。

　故江上波夫氏の有名な「騎馬民族征服王朝説」では、モンゴルの草原を走り回っていた騎馬民族が、倭国を征服して、四世紀に大和政権をつくった、という。

　学説には賛否両論あるが、彼らが来たことは確実である。証拠に彼らのものであろう馬具が全国あちこちで発見される。ただ、政権を取ったか否かは定かではない。事実、発見されるほとんどが五世紀のものだ。

だが昨年末、奈良県で国内最古のものとされる木製の鐙が見つかった。鐙《あぶみ》は乗馬の際に、足を掛ける馬具。四世紀初頭のもので、大和政権の最初の「大王《おおきみ》」の墓ともされる箸中山（箸墓）古墳の周濠内からの発見だ。

本当に四世紀初頭のものかなど慎重に検討すべきだという意見もある。だが、初期の大王の周辺の人物に馬に乗る人物がいた、という可能性が出てきた。

実在しない年号「景初四年」銘鏡
上：京都府広峯１５号墳（西川寿勝『卑弥呼をうつした鏡』北九州中国書店，１９９６）
下：出土地不詳（辰馬考古資料館編『考古資料図録』北九州中国書店，１９９６）

九

豪族と古墳

52 喪船と木棺

二〇〇六年二月、新聞、テレビは奈良県広陵町巣山古墳の「大王級の霊柩船《れいきゅう》」を大々的に報道した。巣山古墳は全長二二〇メートルの四世紀末・五世紀初の大王級の古墳である。喪船という表現は『日本書紀』神功紀や『隋書』倭国伝にあり、少なくとも七世紀の倭国に「葬に際しては屍《しかばね》を船にのせ、曳《ひ》くか輿《こし》にのせるかしていた」（「隋書」の意訳）ことが分かる。

喪船の実例が分かってみると、早くから茂在寅男氏が船舶研究の立場から九州の六世紀の装飾古墳に描かれている喪船に注目され、エジプトの喪船との関係を指摘されていたことがよみがえる。さらにここ数年、三重県松阪宝塚古墳や奈良県東殿塚古墳で出土した舟形埴輪や舟絵から喪船は四世紀にさかのぼりそうだ。

一月、広陵町役場裏の駐車場におかれていた臨時の水槽から木製品を取り出して見せて頂いた時、予想以上の大きさに驚いた。「木棺の蓋」には○と◇と直弧文が浮彫り風に刻まれ、船の舷側《げんそく》板らしい長さ六メートル余りのかまぼこ型の板にも○と◇と直弧文が浮き

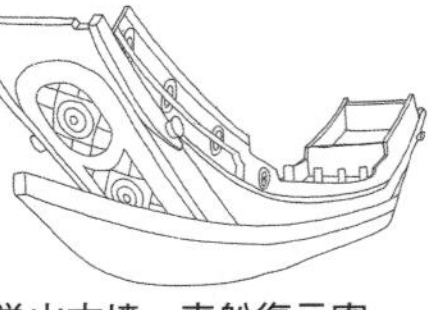

巣山古墳　喪船復元案

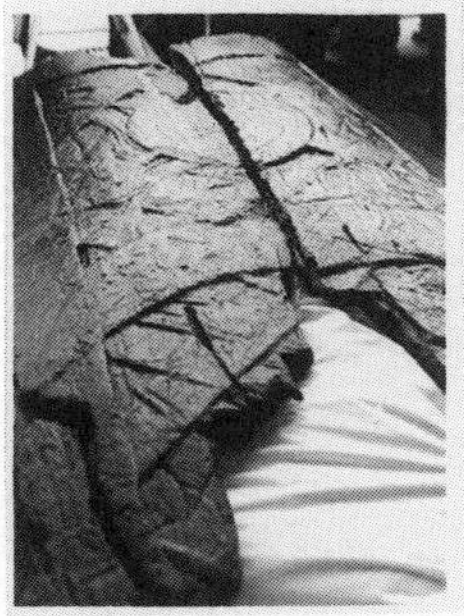

巣山古墳周濠出土の喪船
（広陵町教育委員会調査）

彫り風に刻まれている。その他、建築材らしき木材があるのは喪船を運ぶための輿の台木であり、船形《ふながた》喪輿となる。

広陵町文化センター所長の河上邦彦さんが、〝これが面白いですよ〟と出して来たのが木の人形だ。大きさ四〇センチ四方ぐらいの丸彫りの胴体で、首と両腕と胴下半がするどく切断されている。よくみると、着物の襟の表現が両面にある。『日本書紀』仁徳六十五年条に登場する飛騨の〝暴れん坊〟である〝両面宿儺《すくな》〟を思い出した。顔が二つ、手足が四本あると言われるほど異常な能力をもった〝英雄〟であり、あるいは渡来人かもしれない。なぜ、そのような人形が首・手・足を切断されて喪船とともにここにあるのか。

韓国の喪輿の棺上には木の人形が乗っている。何か関連するのだろうか。あるいは、中国には漢代以来、方相氏《ほうそうし》という葬儀のときの邪霊を払うカミがおり、六世紀の斑鳩《いかるが》・藤ノ木古墳の鞍金具文様には片手に斧、片手に刀をもって両足をふんばる姿で登場する。巣山古墳では役割が全うできず切断されたのだろうか。

五世紀には長持形石棺が大王の棺として定着しているが、私はその前段である四世紀に長持形木棺が大王の棺として存在したに違いないと主張していた。その根拠は奈良県桜井茶臼山古墳の残存木棺と各地の竪穴石室に残されている粘土床の木棺圧痕である。

ついにその本物が現れたと喜んだが、その後、井上義光さん（広陵町教育委員会）と岡林孝作さん（橿原考古学研究所）の検討によって木棺の蓋ではなく、船の波切り板であることが判明した。長持型木棺出現の日は、先送りとなったが、期待は高まった。

古墳周濠内の木製人形—奈良県広陵町巣山古墳（広陵町教育委員会調査，石野撮影）

53 「葛城長江」と宮山古墳

一九九五年頃のある日、葛城の地域の遺跡地図を眺めていた時、妙なことが気になった。御所市宮山古墳の南側を東から西へ「吉野川分水路」が流れていて、そのまま葛城川をこえて葛城山麓を延々と北進しているのは妙だと思った。奇妙に感じたのは、低いところを流れている川から何故山麓の高いところへ水路がのぼっているのだろう、という点だった。

そこで、少し大きい地図を出して「分水路」と葛城川の合流点の標高をみると一二一メートルで、北方約三キロの御所市の佐味付近では一一六メートル、さらに北方約二・五キロの新庄町屋敷山古墳付近では標高一〇〇メートルと合流点の方が高いことが分かった。水は高いところから低い方へ流れる、〃なんだ、いいのか〃と納得しかけてドキリとした。

それなら、古代にも葛城川の水を山麓へ運ぶことができる、それを実行したのは合流点そばに眠る宮山古墳の被葬者ではないか、と一挙に飛躍してしまった。

宮山古墳は全長二四六メートルの五世紀初頭の長突円墳（前方後円墳）で、被葬者は葛城氏の始祖と言われる葛城襲津彦《そつひこ》に比定されることが多い。ソツヒコは朝鮮半島の新羅や

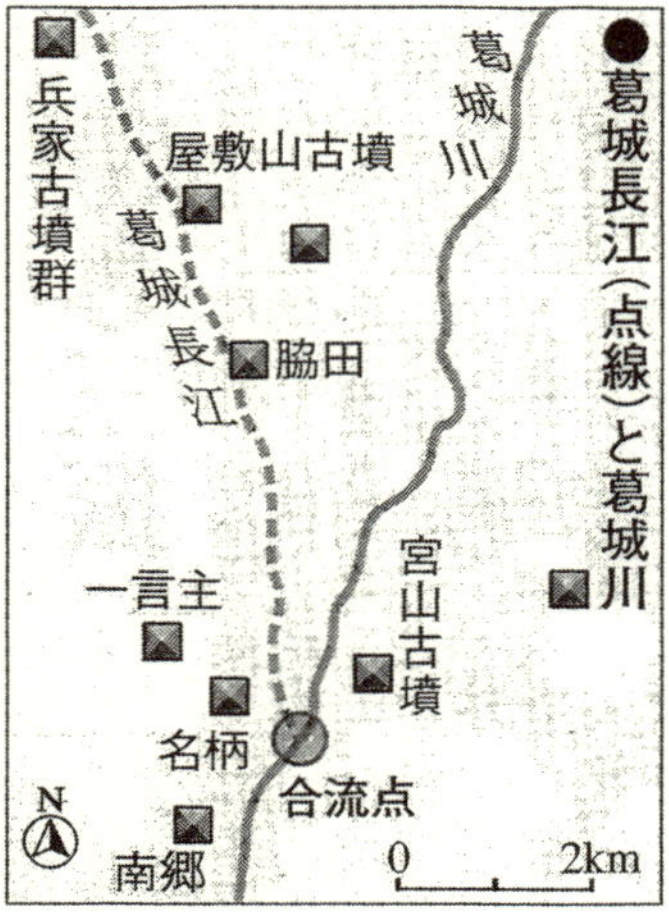

葛城長江の推定（石野作図）

百済で活躍していたことが『百済記』（『日本書紀』に引用）に記録されている実在性の高い人物で、帰国に際しては半島の技術者を多数ともない、葛城の桑原・佐糜《さび》・高宮・忍海《おしみ》に住まわせたという。その人物が『古事記』では「葛城長江《かつらぎのながえの》曾《そ》都《つ》比《ひ》古《こ》」と呼ばれている。普通には「カヅラキのナガエに住んでいるソツヒコ」ということであろうが、「カヅラキのナガエを造ったソツヒコ」と読みたくなった。

四・五世紀に長江開鑿は可能だろうか。とくに葛城山麓には数百メートルごとに深い谷があり、水路を渡すためには「水道橋」をいくつも造らねばならない。そんなことができるのか？　ソツヒコが半島の技術者を住まわせたという佐糜《さみ》（佐味）や忍海も推定「長江」の縁辺にある。おそらくソツヒコは、これら半島の技術を駆使して「長江」を構築したのであろう。なお、ソツヒコは天皇に派遣されて半島に出兵したと伝承されているのに、半島の技術者をすべて自からの領域である葛城地域に集住させているのは先端技術の独占であり、ヤマト政権内での葛城氏の特権を想定させる。

54 四道将軍伝承——埼玉稲荷山古墳《さきたまいなりやま》

一九七八年九月、埼玉《さきたま》稲荷山古墳出土の鉄剣に百十五字の文字が刻まれていることが発表された。百十五字の銘文の要旨は次のとおりである。

「辛亥年に記す。(私) オワケは上祖、オオビコからタカリ・テイカリ・タカシジ・タサキ・ハテイ・タカサヒヨ—と続く八代目であり、代々、杖刀人の首として仕えてきた。ワカタキロ (ワカタケル) 大王 (雄略天皇) の居館がシキの宮にある時、私は政権を補佐してこの百棟の利刀をつくらせた。」

辛亥年は、四七一年と五三一年の二説があるが、私は四七一年説をとる。それより八代前がオオビコで、一代十五年 (『宋書』倭《わ》の五王の平均在位年数) とすると三五一年頃にオオビコが実在していたと伝えていることになる。

ところが、「オオビコ」は『日本書紀』崇神天皇十年七月条に登場する「大彦命《おおひこのみこと》」と同一人物かもしれない。大彦命は四道将軍の一人で北陸へ、武渟川別《たけぬながわわけ》は東海へ、吉備津彦は西道へ、丹波道主命《たんばのみちぬしのみこと》は丹波へ、それぞれ派遣されたという。

銘文鉄剣が見つかった埼玉稲荷山古墳（石野撮影）

四道将軍伝承は歴史的事実とは考えられていなかった。しかし、この鉄剣の銘文によって、実在の可能性が出てくると、伝承もまた検討の対象となってくる。

大彦命と武渟川別は、会津で遭遇したという。会津大塚山古墳は、全長九〇メートルの四世紀の長突円墳（前方後円墳）で、粘土槨から三角縁神獣鏡、鉄剣などが検出されており、ヤマト政権による派遣将軍説が有力である。その後、会津坂下町の臼塚古墳や杵ヶ森古墳から三、四世紀の北陸系土器を持つ長突円墳が検出され、大彦命・武渟川別伝承が三・四世紀の歴史的事実を背景としている可能性が考えられるようになった。そうであるとすれば、二、三世紀の北陸の山城＝高地性集落（石川県宿東山遺跡・新潟県裏山遺跡など）は、そこに至るヤマトと在地勢力の戦乱の痕跡かも知れない。

奈良時代に『日本書紀』に収録された「四道将軍伝承」の歴史的背景は、二世紀末から五世紀に及ぶ各地域の伝承が混合されて生まれたのであろう。その中からわずかな真実を見つけ出さなければならない。

鉄剣銘「意冨比垝」―埼玉稲荷山古墳
（埼玉県教育委員会編『埼玉・稲荷山古墳』１９８０）

55 飛鳥時代の未盗掘石棺

奈良と大阪の境にある二上山の麓に香芝市北今市古墳群がある。未盗掘の石棺は二号墳にあった。二号墳は一辺一四メートルの方墳で二棺ある。不思議なのは北棺に近い墳丘上から飛鳥時代初頭の平瓦片が散乱していたことだ。飛鳥時代になると天皇陵を守るために「守戸」と呼ばれる墓守を設置するが、一辺一四メートルの小古墳にはふさわしくない。飛鳥時代には大阪府富田林市お亀石古墳などのように埋葬施設の一部に瓦を使用する場合があるので、その可能性を考えた方がよさそうだ。

調査を担当していた入倉徳裕さん（橿原考古学研究所）は、北棺の南側で見つかった板石に注目した。〝もしかしたら、もう一棺あるのでは〟と言う。もしそうなら板石の上の土層には乱れがないので、未盗掘の可能性がある。現地でその状況を聞いたとき私は、〝そうやな〟と思った程度だったが、博物館に戻ってじっと考えているうちにだんだんと緊張してきた。奈良県で未盗掘石棺は、一九八八年の斑鳩町藤ノ木古墳以来十七年ぶりなんだ。まして香芝市内では全く初めてのことなんだ、と。

奈良県香芝市北今市２号墳にあった未盗掘の石棺（橿原考古学研究所調査）

二〇〇五年八月二日、朝から盗掘をうけていない南棺の開棺準備が始まった。十時三十五分、石棺の蓋《ふた》石一個が開いた。私は直ちに石棺の中に小型のカメラを入れてシャッターを切った。当然、ファインダーから撮影範囲を確認することなどできない。カンだけのシャッター。写真を見ると、蓋をしたままの状態の石棺内がきれいに写っている。いささか自慢。

石棺内には人骨が残っていた。人類学者によると壮年（三〇～四〇歳）の男性だという。不思議なことがあった。男性の腹に相当する部分の右側と左側からそれぞれ子供の頭骨片と歯が見つかったのだ。男性の遺体の上に子供の遺体がのせられていたらしい。こんな例は聞いたことがない。当時、何か悲しいことがおこったのだろうか。南・北二つの棺は同時に埋葬されており、その方法は終末期古墳の墳丘盛土と同じである。

方墳であること、瓦片を伴うこと、石棺直葬であること……、すべて大和飛鳥や河内飛鳥の飛鳥時代に相当する終末期古墳の要素の先駆形態である。

二上山北麓《ほくろく》の香芝市域には、国史跡の平野塚穴山古墳群をはじめとして六世紀後半から七世紀にかけて顕著な古墳が出現し、やがて国宝の金銅製骨蔵器《こつぞうき》をもつ威奈大村《いなのおおむら》墓や飛鳥時代の尼寺廃寺跡へと展開する。北今市古墳群もその動きの中にあり、奈良と大阪の〝二つの飛鳥文化〟の先駆けの役割をはたしていたようだ。

56 歴史の黒幕はだれか——蘇我入鹿邸発見？

〝六四五年大化改新〟と高校生の頃暗記した。中大兄皇子《なかのおおえのみこ》と中臣鎌足《なかとみのかまたり》が協力して蘇我入鹿《そがのいるか》を倒し、天皇中心の政治にもどした、と。蝦夷《えみし》・入鹿の親子は、天皇の権威をないがしろにし、わがままいっぱいの政治をやっていた悪者だから。

発掘調査中の甘樫丘《あまがしのおか》東遺跡（奈良県明日香村）に行った。午後四時頃だったが谷間はひやりとしていて、三十分ほどの間に冷え冷えとしてきた。まわりを見まわすと広くとっても一〇〇メートルほどの谷間で、こんな寒々としたせまいところに天皇よりも偉そうにしていた人物が住んでいたのだろうか、と感じた。その上、建物の柱穴も一メートルをこえるものはなく小さい。

しかし、『日本書紀』の記録にある甘樫丘が今の甘樫丘と同じであれば、入鹿邸にふさわしい場所だ。そこで考えた。もし、ここが入鹿邸なら日本書紀に書いてあることは嘘ではないか。入鹿邸は小さい。天皇の宮殿よりはるかに小さい。考古学的には天皇の権威

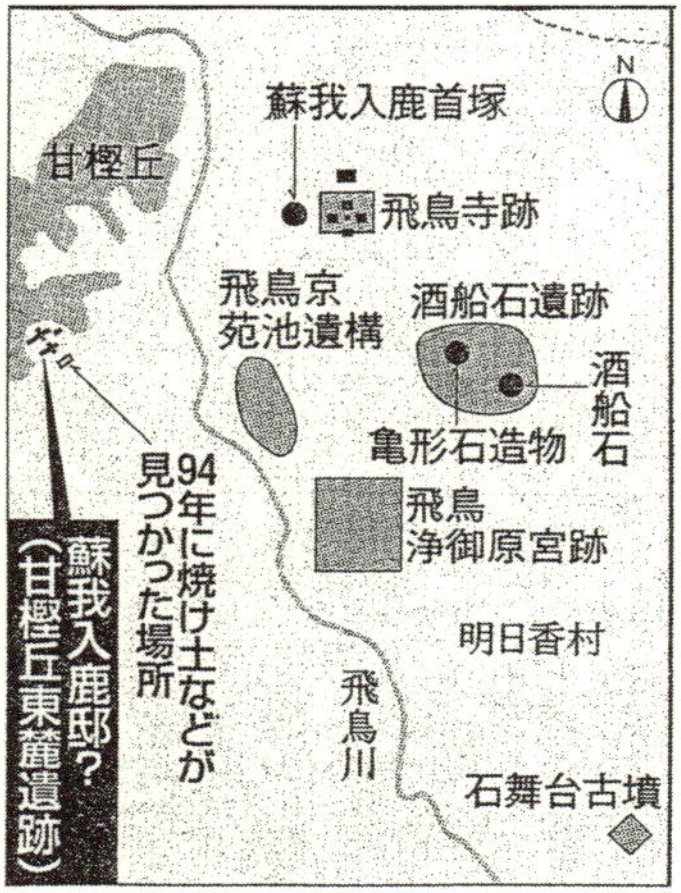

蘇我入鹿邸発見？—奈良県明日香村（奈良文化財研究所調査）

を尊重している。だれかが蝦夷・入鹿親子を悪者に仕立てあげたのではないか。二人を悪者にして得をする人物はだれか？　蝦夷・入鹿親子が権力を握っていたと言われている時期は皇極天皇であり、飛鳥《あすか》板蓋宮《いたぶきのみや》が宮殿である。飛鳥板蓋宮は中枢部分だけでも約三万平方メートルあり、推定入鹿邸の三倍になる。

入鹿邸はこことは別に〝畝傍の家〟など他にもあるので、飛鳥の邸宅はさほど広くなくてもよいという考えもあるが、なにしろ政権中枢地の屋敷だから〝せまくてもよい〟はずはない。

入鹿は聖徳太子没後、山背大兄王《やましろおおえのおう》をはじめとする太子一族を斑鳩邸に攻め、皆殺しにしたと記録されている。だから、入鹿をはじめ蘇我一族は悪者であり討伐すべきだという世論がまきおこったのではないか。ところが、入鹿は太子一族を攻撃していないという主張がある。山背大兄王はじめ太子一族は太子没後、難を逃れて平群に一時避難していた。それが全員斑鳩邸に戻って来たのは、山背大兄王が信頼している人物からの要請であって、決して入鹿ではあり得ない、と。歴史の黒幕はだれだろう。

その後、聖徳太子は聖人としてあがめられ、太子信仰はさかんになる。太子の信望が上がれば上がるほど、入鹿の評価は下落する。〝殺されて当然だ〟と。このような噂が広がって得をするのはだれだろう。入鹿誅滅《ちゅうめつ》に活躍した中臣鎌足と中大兄皇子は、大臣と天皇として政権の中心を荷っていった。

57 高松塚古墳〝密室〟の謎

一九七二（昭和四七）年三月二十七日、新聞・テレビによって一斉に〝極彩色の飛鳥美人〟が報道された。私はその時、桜井市纒向遺跡の調査中で、朝、新聞を見て、〝コレだったのか〟と驚いた。というのは、これより数日前、橿原考古学研究所から電話があり、〝二十五日、朝八時に研究所に集合せよ。用件は言えない〟と連絡が入った。私は一人で三万平方メートルを対象とする発掘調査を担当していたので、〝用件もわからんとこへ行けん〟とことわり行かなかった。用件はコレだったのだ。末永雅雄先生（研究所長）が新聞発表前に〝所員に現地を見せてやろう〟という親心だったのだ。〝親の心、子知らず〟とはまさにこのことで私はしばらく、〝飛鳥美人〟と対面する機会がなかった。

四月六日、ようやく対面の機会がやって来た。四月五日に高松塚の一応の調査が終了し、主体者である明日香村と担当者の橿原考古学研究所から文化庁へと引き継がれた。文化庁から「高松塚古墳応急保存対策調査会」の現地調査があり、私は奈良県教育委員会遺跡調査室の担当職員として同席した。調査会の諸先生方が白衣に着がえて交替で石室前壁

高松塚古墳、石槨の密室？（『壁画古墳　高松塚』橿原考古学研究所より）

の盗掘口から中を視察された。最後に私は石室の中に入った。〝新聞写真よりも淡い色なんだナ〟というのが飛鳥美人への第一印象だった。前の絵から後の絵に向きを替えるとき、少しでも服や身体が壁に触れると絵が落ちるという緊張と眼前の飛鳥絵画の強烈な印象が交錯した。

南側の何も描かれていない壁面を眺めていた時、妙なことに気がついた。〝ここは密室でだれも外へ出られんぞ〟と。高松塚では、〝埋葬が終わったあと南側の小口から外へ出て南壁の切石を外からはめこんで蓋をした〟と考えられているし、それしか方法はない。しかし、石室は底石と四壁と天井石で密封され、各石は漆喰で塗りこまれている。側壁と奥壁、側壁と天井石の各境目にも何回も漆喰を塗った痕《あと》がある。南壁と東・西側壁の境目も同じである。内壁に漆喰を塗った人は石室内にいなければ塗れない。それなら、どこから出たのだろう。調査を担当した網干善教さんはじめ何人かにこの話をしても〝そんなアホな〟とだれもとり合ってくれない。私もアホな話だと思いながら、今も時々報告書の南壁の写真を見つめている。

このような謎をもったまま、飛鳥美人にカビを生やした罪は重い。

高松塚に覆屋

十

神話と伝承

58 神話とおどる埴輪——宮崎県百足塚古墳

太陽神アマテラスオオミカミは弟神スサノオノミコトの乱暴を嫌い天岩屋戸に隠れた。そのため世の中は真っ暗になり、神々は大いに困った（『古事記』）。その時、岩屋の前で大騒ぎをすれば、アマテラスは何事かとそっと戸のすきまからのぞくにちがいない。そのチャンスにタヂカラオが岩屋戸を一気に押しあけようと相談がまとまった。

そこで、アメノウズメノミコトがオケを伏せた臨時の舞台の上にのって、乳もあらわに、ホトもあらわに踊りまくった。男神たちは大喜びして大笑い。作戦どおり、アマテラスがちらりとのぞいたので、タヂカラオは一気に戸をあけ、世の中は再び明るくなった。めでたし、めでたし。

有名なアマテラス神話の一節だが、あくまでも神話の世界で、現実にはせいぜい皆既日《かいきにっ》蝕《しょく》の一瞬の闇と明るさへの復活を反映してるか、という位だった。

一九九九年三月三十一日、宮崎県新富町百足塚古墳を訪れて驚いた。アメノウズメが現われた。全長一一〇メートルの六世紀の長突円墳（前方後円墳）の周濠内に多くの埴輪片

スカートの裾に手をかける「アメノウズメ」？—宮崎県百足塚古墳（新富町教育委員会調査，石野撮影）

がころがっていた。もともとは、周濠の外側に立て並べられていた埴輪群が永年の間にこわれて周濠内にころがりこんだようだ。調査担当の有馬義人さんが埴輪のかけらを丹念につないでいくうちに妙な形になってきた。

スカートの裾《すそ》に手をかけて少しめくりあげている。その奥にホトもあらわに！　かけつけた師匠の柳沢一男さん（宮崎大学）はニヤリとしたという。私も一生懸命その部分の写真をとろうとカメラを構え、最高のアングルを求めているうちに、フト恥ずかしさを感じてとまどった。つい、だれかに見られているような気がしてまわりを見わたしたがだれもいない。アメノウズメが笑ったのかもしれない。

有馬義人さんに〝男性の埴輪はありますか〟と聞いたら、アメノウズメのそばにはないが三〇メートルほど離れた同じ周濠内から〝男性のシンボルだけが一本出てます〟と見せてくれた。〝惜しい〟と思った。

古代には男女がセットになってワザオギ（俳優）する行為によって一つの目的を達する祭祀があった。有名なイザナギ・イザナミ男女神による国生み神話もそうだ。それが、神話の世界のお話ではなく、かつて現実に行われていたことが具体的に証明できたかもしれないのに。離れたところからシンボル一本では証拠不十分だ。

それでも神話の世界がスカートの裾からちらりと垣間見えたことは重要だ。〝ニヤリ〟としたり、恥ずかしがってるヒマはなさそうだ。

59 神武東征伝承のウラにあるものは……

二千六百年前、神武天皇は九州・日向を出発し、やがて大和を平定して国を建てたという（『古事記』・『日本書紀』）。二六〇〇年前は、縄文時代に相当するし、神武天皇は奈良時代に創作された仮空の人物だ。そうだとしても、〝神武〟と言われる人物の背景に何かがあるのではと考え、足跡をたどってみることにした。

①出発地はなぜ日向なのか

弥生時代のコメをはじめ、さまざまな文化は西から東へと日本列島全土に拡まっている例が多い。従って、神武伝承が創作されるとき、出発地は同じ九州でも北部九州の大分県か福岡県がふさわしいと思うのが常識だろう。それなのになぜ南九州・日向（宮崎県）なのか。

ところが、古墳時代前期（四世紀）の九州最大の長突円墳（前方後円墳）は宮崎市生目古墳群にあり、さらに古墳早期（三世紀）には奈良・大阪の出土量をはるかにこえる鉄器がたった一つの遺跡、新富町川床遺跡にある。

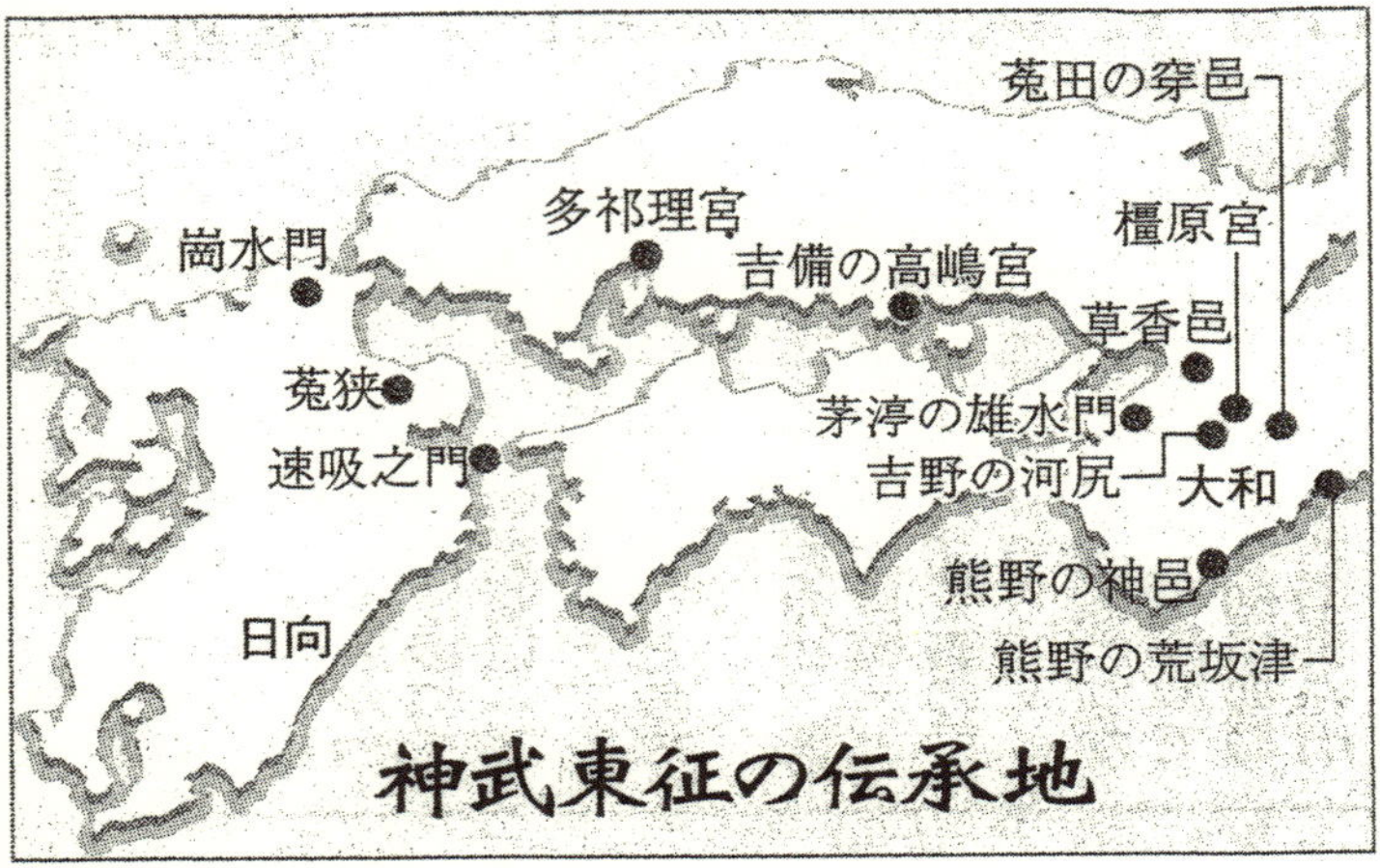

神武東征の伝承地（石野原図）

宮崎県の港を出ると間もなく愛媛県宇和郡で、のちに藤原純友が反乱の根拠地とする日振島など海洋民の中枢地であり、〝神武〟の〝海導者〟となった椎根津彦《しいねづひこ》の出身地にふさわしい。豊予海峡も瀬戸内海の難所も〝海導者〟がいなければ無事にはこえられない。

②神武軍はなぜ瀬戸内を直進せず、福岡に寄ったのか。

神武は宇佐の一柱騰宮《ひとつはしらあがりのみや》（『日本書紀』）で歓迎を受けたあと、なぜか筑紫の崗県《おかあがた》に寄っている。南伊予の水軍に加えて宗像《むなかた》の水軍の援助を期待したのだろうか。宗像三女神は海洋民の守護神であり、陸軍よりは海軍中心の編成を目ざしたようだ。

その後、神武軍は安芸で七年、吉備で八年を過して地域豪族の協力を求めた上で大阪湾に入る。安芸・吉備には三世紀と五世紀の集落と古墳が卓越しており、伝承の背景に二つの時期の史実が重なっているらしい。

③神武軍はなぜ大阪湾で敗れ、紀伊半島に迂回《うかい》しなければならなかったのか。

神武軍は大阪で先住の渡来氏族・ナガスネヒコに敗れて兄・イツセノミコトを失った。その後、紀州の名草戸畔《なくさとべ》と名のる各地の女王軍と戦い、大和の背後、宇陀に入った。

宇陀市には不思議なことに宮崎県に多い五世紀の蛇行剣（蛇のような曲った鉄剣）が五本出土していて神武伝承の背景を考えさせる。そして〝神武〟は橿原宮で即位するが、橿原遺跡は二六〇〇年前、縄文時代晩期の近畿を代表する大遺跡である。

神武天皇は仮空の人物ではあるが、伝承の背景には複数の〝英雄〟の活躍が重ねられているように思われる。

60 三輪山と二上山を結ぶ箸墓伝説①

一九八一（昭和五六）年、橿原考古学研究所が調査中の広陵町黒石十号墓を訪ねた。弥生後期末、約一八〇〇年前の方形墓が葛城地域の一画に築かれていた。中央部に二つの木棺跡が並んでいたので、一基ずつ写真をとろうとカメラを構えたら、木棺の延長線上のレンズの向こうに二上山《にじょうさん》の雄岳と雌岳の谷間がすっぽりとおさまっていた。不思議に思って隣の木棺で同様に構えてみたらわずかにずれる。二つの木棺はともに東西方向で約二メートル離れて並んでいる。わずか二メートル離れて平行して並んでいるのに、南棺の被葬者は、二上山を十分に意識していたのではないか、と考えた。

大和の人々は、いつの頃からか二上山は〝日の沈む山〟と意識してきた。飛鳥京や藤原宮付近からの二上山の入り日は、今も撮影ポイントとして著名である。当然、飛鳥時代の人々も二上山の入り日を眺め、〝うつそみの……〟という大来皇女《おおくのひめみこ》のうたを共感できたのであろう。

その意識が弥生時代にまでさかのぼる、と考えるのはかなり冒険だ。黒石十号墓南棺例

三輪山から見た二上山（右端）（石野撮影）

が二上山を意識していたとしても、その後、類例はみつかっていない。しかし、弥生後期二世紀は、いわゆる「倭国乱」の時代である。二〇〇〇年、鳥取県青谷《あおや》上寺地《かみじち》遺跡で弥生後期の殺傷遺体が百体以上もみつかり、世間を驚かせた。「倭国乱」は日本海沿岸に拡《ひろ》がっていた。

大和でも激しい戦いがあった。二世紀の山城は、奈良・桜井・橿原・御所などにある。橿原市上の山遺跡では〝のろし場〟もみつかっている。人の死への想いは、太陽の落日に結びつく可能性は強い。寺沢薫さん（橿原考古学研究所）が指摘している兵庫県姫路市長越遺跡の弥生後期の土器に描かれた日の出、日の入図は、弥生人の太陽運行への想いを示している。大和の弥生人も同じ想いがあった、と考えてもよさそうだ。

大和弥生人のそのような想いが、脈々と続き、鎌倉時代の二上山麓の人である恵心僧都《えしんそうず》源信《げんしん》の『往生要集』浄土信仰へと連なっているのだろうか。

三輪山は、〝日の出の山〟という。小川光三さんに教えて頂いて、一九八〇年（昭和五五）の秋分の日、橿原市多《おお》神社から三輪山頂の日の出を拝んだ。多神社周辺は、大和の弥生拠点集落の一つである多遺跡である。三輪山がきれいな円錐《えんすい》形の神奈備型神山としてよく見える範囲は、北西は天理市庵治付近、西方は橿原市中曾司付近、南西は桜井市池の内付近である。およそ奈良盆地東南部で、この間にはとりわけ弥生から古墳時代にかけての遺跡が多い。

61 三輪山と二上山を結ぶ箸墓伝説 ②

奈良県桜井市東部にそびえる三輪山の麓《ふもと》には、三、四世紀の都市である纒向《まきむく》遺跡をはじめ、初期ヤマト政権の大王墓を含むおおやまと古墳集団が拡がる。萩原儀征さん（同市文化財審議委員）は、纒向石塚古墳の突出部が三輪山頂を向いていることに気がついた。同古墳は三世紀初頭の全長九三メートルの古墳であり、その時、三輪山信仰は始まっていたのだろう。ところが同じ地域にある纒向勝山、纒向矢塚、東田大塚などの、三世紀代の長突円墳（前方後円墳）の突出部の方向はバラバラだ。纒向古墳群の一族のトップクラスの人々の中でも特定の個人が三輪山を強く意識していたようだ。

二、三世紀に、磯城と葛城の地の特定個人の間に三輪山と二上山に対する信仰が始まっていたらしい。

三輪山麓の縄文集落・三輪遺跡や弥生集落の芝遺跡には二上山産のサヌカイトが石器の素材として多く持ち込まれている。二上山サヌカイトの流通範囲は近畿各地はもとより、それ以上に広まっているので、特に三輪山麓との関係を強調することはできない。しかし、

箸中山古墳（中央）と三輪山（左端）（石野撮影）

『日本書紀』崇神天皇条に登場する「箸墓伝説」は特異である。

箸墓、「是《こ》の墓は、日《ひる》は人作《ひとつく》り、夜は神作る。故、大坂山の石を運びて造る。即《すなわ》ち山より墓に至るまでに、人民相踵《あいつぎ》て、手逓《たご》伝《し》にして運ぶ」。

「箸墓」は、桜井市箸中の箸中山古墳（全長二八〇メートル）の長突円墳に当てられており、墳丘内に大阪府柏原市芝山の石が散在していることが確認されている。『日本書紀』の大坂山は二上山のことであり、芝山は二上山塊に含まれる。伝説は現実味を帯びてくる。

箸中山古墳は、初期ヤマト政権の最初の大王墓と言われている。最初の大王の巨大墓を造るとき、大坂山（二上山）の石を運んだのだろうか。三輪山麓を本拠地とした大王家にとっても、二上山は〝日の入る山〟として意識していたからこそ二上山の石を運んだのではないか。

柏原市芝山から奈良盆地東南部の〝箸墓〟に人手でリレー式に石を運ぶルートにふさわしいのは〝関屋越〟である。香芝市二上山博物館の人々と歩いてみた。大阪と奈良を隔てる生駒・葛城の山塊をこえるいくつかのルートの中では峠が低く歩きやすい。関屋は二上山麓で奈良盆地の入り口であり、三輪山麓の人々から見れば〝大坂山〟である。〝昼は三輪山麓の人々が作り、夜は二上山の神が作った〟のが箸墓だった。

62 飛鳥時代の邪馬台国論争

日本書紀の編者が魏志倭人伝を読んでいたことは有名なことだ。それは神功皇后三九年、四〇年条に引用されている下記の文による（岩波文庫）。

三十九年、是年、太歳己未。魏志に云はく、明帝の景初の三年の六月、倭の女王、大夫難斗米等を遣して、郡に詣りて、天子に詣らむことを求めて朝献す。大守鄧夏、吏を遣して將て送りて、京都に詣らしむ。

四十年。魏志に云はく、正始の元年に、建忠校尉梯携等を遣して、証書印綬を奉りて、倭国に詣らしむ。

編者は神功を卑弥呼に想定しているらしい。ところが神功の出身地と動向に二つの邪馬台国が見え隠れする。

○書紀の大和説

神功は息長足姫《おきながたらしひめ》であり、息長氏は近江を本拠とする、息長氏は和爾《わに》氏と密接な関係にあり、大和での和爾氏の根拠地は天理市和爾下神社付近にある。そしてそこには四世紀後半の長突円墳である東大寺山古墳があり、卑弥呼即位年に近い後漢の年号「中平」銘（一八四〜一八八）を刻む鉄刀を保有する。ここに書紀編者の大和説が垣間見える。

○書紀の九州説

他方、神功は「三韓出兵」のあと筑紫で応神を生み、応神とともに大和に入る。その折、大和北部の豪族、忍熊王らと戦って勝つが、まるで卑弥呼東征、邪馬台国東遷説である。

飛鳥、奈良時代にも邪馬台国論争があり、書紀編纂時にも決着がつかなかった。そのため二説併論の形をとらざるを得なかったのではないか。

そしてこの時、すでに国家意識が芽生えており、倭人伝の「下賜」や「生口」などの倭を下位とする記事や「卑弥呼」などの卑字は引用していない。

その上、書紀引用の年記には奇妙なことがある、さきに示したように神功三九年（景初三年）に倭の女王が魏に遣使し、同四〇年（正始元年）に倭国に帰国したと記している。

景初と正始の年号は魏志の通りであるが、景初三年は西暦の二三九年であり、正始元年は二四〇年である。書紀編者は西暦を知っていた？

卑弥呼像—年已《としすで》に長大なるも夫婿《ふせい》なし—
（作図：奈良県シルクロード博覧会実行委員会
原案：菅谷文則・石野博信）

63 東海をめぐる三角関係

今年一月に愛知県犬山市で行われた「墓場の考古学」（東海考古学フォーラム）という何やら恐ろしいテーマの研究会に出かけた。私の大学（徳島文理大）の学生が、〝考古学を勉強するため大学院に進みたい〟と親に相談したら〝墓掘りがなんで勉強や〟と親戚《しんせき》中に反対されたそうだ。古墳は墓であり、確かに〝墓掘り〟だが、工事でつぶされる前に歴史としてよみがえってもらおうと「墓場の考古学」で頑張っている。

そうは言いながら、研究会の二日目に私は脱走して同県安城市歴史博物館に向かった。「弥生人の顔」に会うために。同博物館にある同市亀塚遺跡出土の土器に描かれた弥生人は〝全国区の著名人〟で、なぜか瀬戸内海沿岸、とくに香川県善通寺市仙遊遺跡の弥生人と〝親戚か〟と思うほどよく似ている。二〇〇一年に同博物館では『弥生の絵画　倭人の顔』展を行い、わかりやすい図録の中で、〝なぜ似ているのか〟を解説してくれている。

瞳のない目、額から頬《ほお》にかけての弧状の入れ墨などはそっくりだが、あごひげは東海弥生人が立派だ。それにしても、東海と瀬戸内にはよく似た弥生人の顔が描かれているのに、

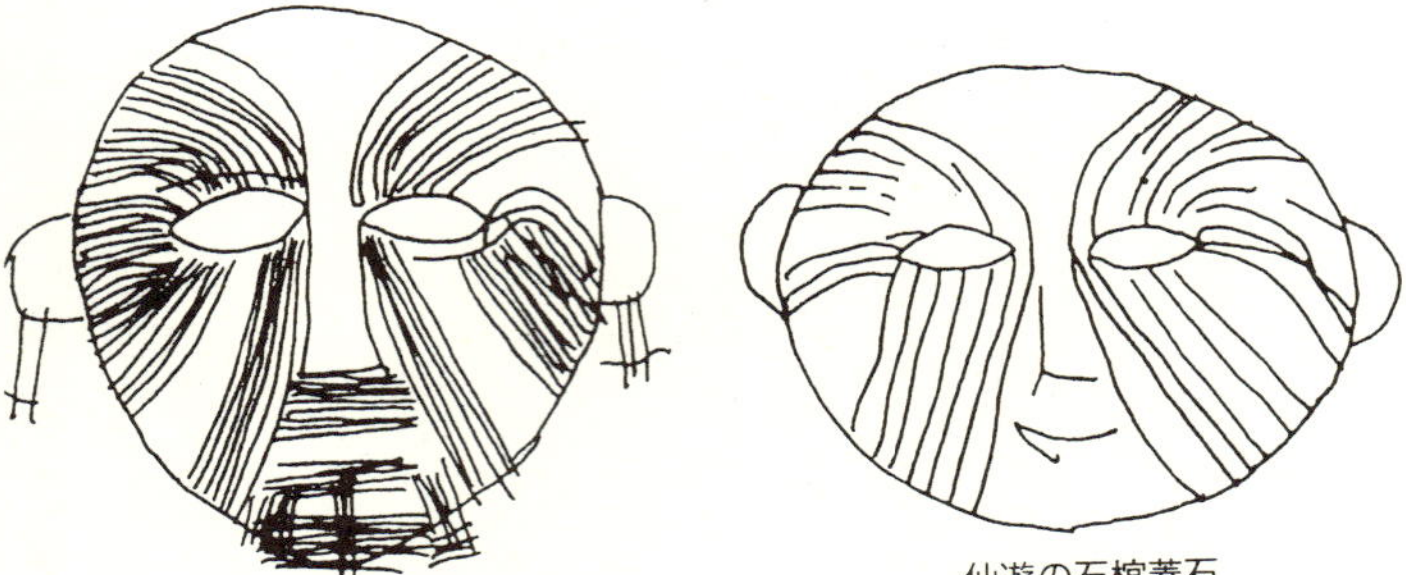

亀塚の人面文土器　仙遊の石棺蓋石

カミの顔（左・安城市教育委員会，右・善通寺市教育委員会調査）

その中間の近畿には弥生人の顔がない。

岡山平野の弥生人は、弥生後期初（二世紀中葉）に銅鐸《どうたく》まつりをやめ、二世紀末には埴輪《はにわ》のルーツになる特殊器台をつくり、列島最大の円丘墓（楯築《たてつき》古墳）を築造した。その時に、土器や土製品に邪悪なカミをさける顔が登場する。

濃尾平野では銅鐸のまつりは二世紀末まで続いているが、その直後から岡山平野の弥生人世界と同じ現象がおこる。

近畿弥生社会、とくに奈良盆地の弥生人は二世紀末まで銅鐸のまつりも伝統的環濠《かんごう》集落もともに持ち続けているが、顔は描かない。

〝顔〟は弥生人の顔ではなく斎藤弘之さん（安城市歴史博物館）の言うように、カミを描いているのだとすると、近畿弥生人はカミを直接描くことはせず、カミを墓

（古墳）にまつりあげた。

さらに斎藤さんは東海地方の入れ墨のある人物の顔は、「畿内では刑罰の象徴として忌み嫌われていたという精神的な対立関係」を狗奴国《くな》（東海）と邪馬台国（近畿）の関係に置き換えて考えておられるようで、興味深い。

奈良県纒向《まきむく》遺跡から三、四世紀の東海系土器が大量に出土し、近畿と東海の強い関係が考えられる。同時に、近畿と瀬戸内には特殊器台と特殊文様による強い共通性がある。そしてまた、東海と瀬戸内には、そっくりな人面文がある。

三世紀に東海は瀬戸内と連携して近畿を包囲したのか、その逆か、三角関係は難しい。

64 古代の内乱と東海

一九七七年七月二十三日夜半、伊賀上野の古社、敢国《あえくに》神社前で警察の尋問を受けていた。

「こんな夜中に（十数人の若者が）何をしてる」

「昔、壬申《じんしん》の乱という戦いがありまして、古代の記録通りに歩く実験を…」

「壬申の乱て何だ、お前らは、どこから来た」

「奈良県の橿原考古学研究所で発掘を…」

六七二年六月二十四日、大海人皇子《おおあまのみこ》（後の天武天皇）と大友皇子による〝古代最大の内乱〟と呼ばれている壬申の乱が始まった。我が国の最初の歴史書である『日本書紀』に克明に記録されている日程通りに実際に歩いてみようと、橿原考古学研究所有志一行が末永雅雄所長の金一封をいただいて実行に及んだ時のことであった。

私は、メンバーの最年長であったため、いつの間にか大海人皇子の役回りとなったが、出発地の吉野宮（奈良県吉野町宮滝）を出て三十キロ弱で早くもダウンして兵糧隊にまわっていた。奈良県宇陀市榛原区から車に乗り、三重県名張市でにぎり飯の補給の役割を買っ

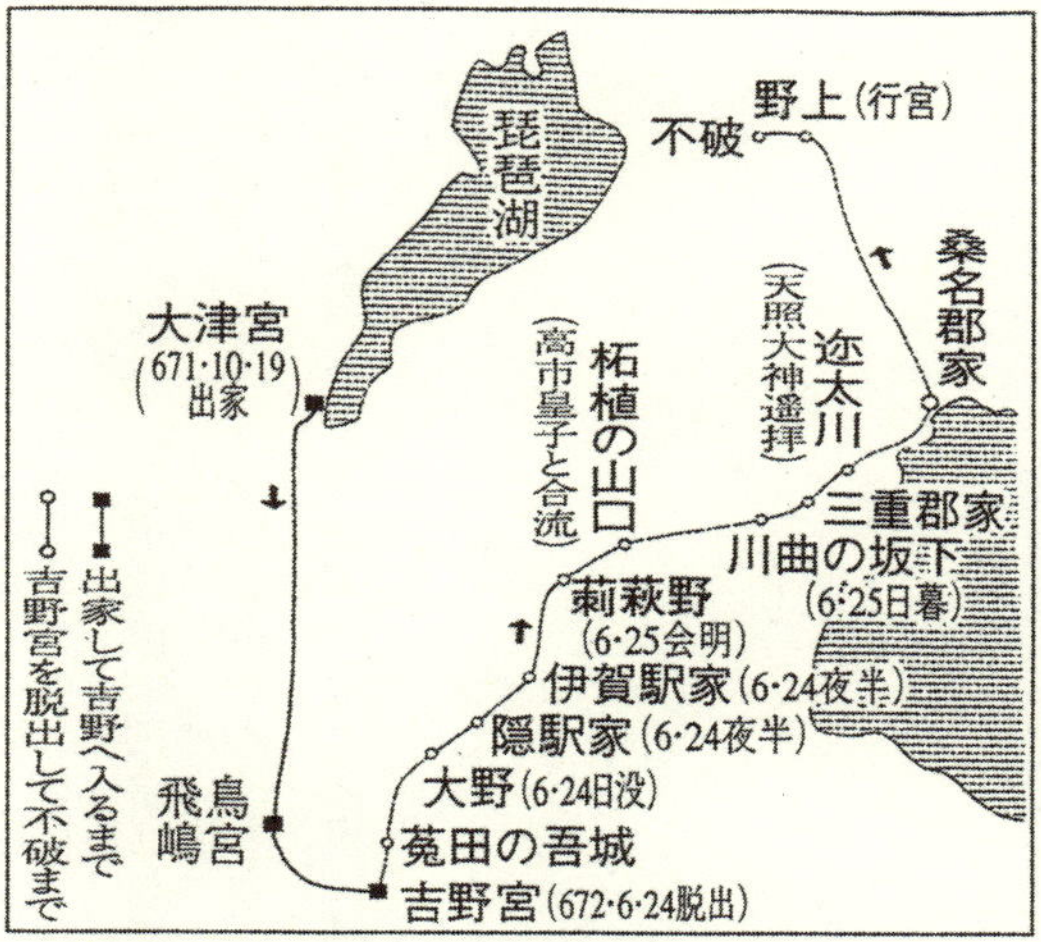

大海人皇子一行道程図（玉城妙子著『壬申に翔ぶ』講談社 1981）

て出たまではよかったが、名張の文化財整理室で出土品を見ているうちに時を忘れ、休憩地点に大幅に遅れてしまった。〝飯の恨み〟は恐ろしく、一行から総スカンをくった。

その上、敢国神社前では記録通り仮眠の予定だったが、一同いささか興奮状態で、近所の住民が不安に思い、警察へ通報となったのだった。今なら、即刻逮捕かもしれない。

大海人皇子一行は、その後、柘植で近江からかけつけた高市皇子一行と合流し、桑名郡家から不破関へと向かう。

その後、何回かに分けて、近江の大津宮から飛鳥の嶋宮、伊賀、柘植から桑名と踏査したり、一人約十キロの砂袋を背負った再踏査や大海人皇子一行同様に吉野宮から一気に桑名までの百四十キロ踏査などと、実験を繰り返した。

私は、相変わらず最初にダウンしたが、やがて、ダウン地点は缶ビールの自動販売機付近と定まってきた。

一九七八年七月二十九日の桑名到着の夜は、ちょうど花火大会の日で、桑名の渡し推定地の場所で花火を眺めながら一行の到着を待ったのが、最ものんびりした時間だった。

壬申の乱のあと、日本は法治国家として再出発し、国家体制が整備された。大海人皇子の決起には、計画的皇位奪取説とやむなく説とがあるが、いずれにしても、大海人皇子側が頼りにしたのは、尾張国司などの東国勢であることは確実だ。古代の東海地域がもっていた力とは何だったのだろう。

65 二人の初代天皇伝承

『古事記』と『日本書紀』には神武天皇と崇神天皇の二人が、ハックニシラススメラミコトつまり最初にクニを治めた初代天皇と記録されていることは有名だ。ナゼか。両書が編纂された飛鳥、奈良時代に最初の大王を一人にしぼり切れない伝承があった、と考えてみた。

その候補はいくつかある。

①神武と崇神

②神武と応神

③磐余の二大巨墳

④おおやまとの二大巨墳

①は記・紀の記録

②は神武東征伝承では神武が大和に入るときに奈良盆地東南部で兄磯城《えしき》と戦って占居した土地が磐余《いわれ》であった（神武の生前の名はカムヤマトイワレビコ）。そして、天皇の宮殿伝

承地で、最初に磐余を都としたのは応神である。つまり、応神は磐余に関わる天皇であり、ハツクニシラスの候補になりうる。

③磐余は大和国の郡制では磯城郡と高市郡の間の十市郡に当たり、そこには桜井茶臼山古墳とメスリ山古墳という全長二〇〇メートル前後の巨墳が存在する。古墳が先人の墓であることは藤原宮や平城宮造営段階に認識されており、しかもハツクニシラスにからむ磐余の地の2基の巨大古墳から二人の始祖王伝説が生まれる余地がある。

④は三、四世紀の大古墳が集中するおおやまと古墳群の中で三〇〇メートル級の墓は、箸中山古墳（二八〇メートル）と渋谷向山古墳（「景行陵」三〇〇メートル）である。

磐余の二古墳と同様に伝承が生まれたであろう。

つまり、神武と崇神に仮託された二人のハツクニシラスは、飛鳥、奈良時代に存在した伝承に結着をつけがたいための一つの帰結であった。

さらに、有力候補は神武とニギハヤヒである。ニギハヤヒは、神武は大和に先住していたナガスネヒコとの戦いの中で先住の天孫族であることを認めている。最も有力な二人のハツクニシラス伝承のようだ。

十一

未盗掘古墳と和宮、そしてサル

66 進水式、三世紀？ の外洋船――但馬《たじま》・袴狭《はかざ》の船

二〇〇七年四月二九日、午後十二時十分、船は日本海の一画、但馬・諸寄《もろよせ》港に浮かんだ。全長十一、五メートルの木造船で舳先《へさき》（船首）と艫《とも》（船尾）に竪板《たていた》（波切り板）を持つ。

一九八九年（平成元）に兵庫県豊岡市袴狭《はかざ》遺跡の川跡から三・四世紀の土器と共に船団を描いた板（長さ一九七センチ余、幅一六センチ余）が現れた。最も大きな長さ三七センチの船を八・八～十二・七センチの船が十五隻で囲んで停泊しているように見える。

時は、倭国の女王ヒミコとトヨ（イヨ）の時代から初期大和政権の時代、日本海に船を連ねて何をしようとしているのか。船には人も屋形も帆も描かれていない。

兵庫県立考古博物館準備室では、描かれた船を実物大で復元しようと考えた。松木哲さん（神戸商船大学名誉教授）の指導のもと船大工を求めて尾崎昌道さん（但馬・諸寄港）に当たり、実施へと進んだ。準構造船として船底の丸木舟部分を仕上がりで径一メートル余とすれば、径二メートルの材木が必要である。探し求めても列島産は難しく、ようやく大阪湾貯木場の径二メートル余の米松材（年輪八〇〇年余）を入手した。名古屋で粗加工し

たあと但馬、諸寄の尾崎造船所に運び込まれた。

尾崎さんと孫？　二人、井上禎人（乃村工芸社）、中村弘（考古博物館）の三人組が何十回となく談合しながら船はできあがった。進水直前の尾崎さんの一言、〝うれしいです〟のあと古式にのっとった〝船霊《ふなだま》入れ〟があり、地元、香住高校生たちを漕手として船は海に浮かんだ。

船名は、「ひぼこ」。船画の出土地は天日槍を祭神とする出石神社がある出石町袴狭であり、〝但馬の英雄〟にちなんで〝ひぼこ〟となった。天日槍は、伝承では新羅から播磨に至り、その後、近江を経て但馬に定着したという。「ひぼこ」は、但馬で生まれ、播磨町にできた考古博物館に鎮座する。

竪板をもつ準構造船は、丹後・ニゴレ古墳など各地の船形埴輪に見られるし、実物は大阪府久宝寺遺跡（二世紀）や奈良県巣山古墳（五世紀）にある。巣山古墳の竪板は周濠出土であって葬船と考えられ全面浮彫文様で飾られている。

諸寄港は、江戸時代の北前船の頃も諸々《もろもろ》の船が寄る港であって、まさに諸寄《もろよせ》である。その但馬の地に天日槍伝承があり、三世紀？　の船団を描く板が存在することは、〝もろよせ〟の由来が古代にまでさかのぼる可能性を考えさせる。

三世紀の出石・入佐山古墳の埋葬施設の枕頭には砂鉄が供献されており、列島最古の砂鉄精錬が推定できることも日本海交易の一端を物語っている。

67 五世紀の異質な古墳――岡山県勝負砂古墳

岡山大学考古学研究室（担当、松木武彦さん）が未盗掘の古墳を掘っている、と聞いて出かけた。二〇〇七年三月と四月と五月、岡山県倉敷市勝負砂《しょうぶざこ》古墳。

三月は雨だった。墳丘を覆うシートの中に入って驚いた。〝地底の石室〟のように見えた。聞くと竪穴石室（槨）の天井石上面が墳頂から四・五メートル下だという。日本列島の古墳は、墳頂から二メートル前後の浅い位置に棺槨を設けることを特質としているのに。しばらく、墳頂から石室天井石に至る墳丘盛土を眺めていて奇妙なことに気がついた。墳頂から二メートル位から下にドーム状にきれいな地山質土がある。円丘の中に円丘があるように見える。松木さんに聞いたら、〝だからその一部を残してある〟と発掘坑内の円丘の一部を示してくれた。眼前の円丘残存部と発掘坑の土層断面が一致して石室を覆う二重円丘が脳裏に復元できた。

石室の横に降り、石室内を見せてもらった。真赤な壁石に囲まれて鉄甲が見えた。〝今朝、崩れてしまった〟という一枚の天井石にも潰されずに立っていた。

石室には墓坑はなく、石室を構築してから盛土している、という。

一九五九年（昭和三四）、大学院生の頃に参加した奈良市円照寺墓山二号墳と似ている、と感じた。伊達宗泰さん（当時、橿原考古学研究所）が調査担当で、私は前年に兵庫県小野市焼山古墳群の調査を終え、木棺直葬墳の検出に自信過剰な頃だった。伊達さんにお願いして墳丘に十字形の土層観察用畦畔を残し、墳丘を約五～十センチずつ水平に掘り下げていった。やがて、甲冑や刀剣が現れたが、墓坑は全く認められない。盛土は異色土を混えない赤土系で見分けは容易だった。その上、径八メートル余の円墳の周縁に幅一メートル余の礫敷があり、墳丘はその内側と外側に二重の土層断面が観察できた。石室と木棺の差異があるが、勝負砂古墳と棺槨先置、二重墳丘の点で共通する（ただし、伊達さんには納得してもらえず『奈良市史』考古篇では〝乱掘のため散乱〟とされている）。

円照寺墓山一号墳は、一九二七年（昭和二）に末永先生によって調査されているが、そこには墳丘下ほぼ全面に礫敷があり、遺物埋納用の小石室と刀剣類が墓坑なしに検出されている。戦前の調査でもあり遺構としてはあまり注目されていないが、長野県八丁鎧塚二号墳の事例と共に勝負砂古墳の精査によって、五世紀に半島につながる可能性がある古墳築造例が再認識されるであろう。

68 六世紀の未盗掘古墳——出雲市中村一号墳

黄泉国《よみのくに》に降りた。

二〇〇七年五月一日、島根県出雲市の国富中村一号墳。石室の天井にあいた穴から梯子を伝わって石棺のある部屋に降りた。一〇〇パーセントに近い湿気が身を包み、足もとの須恵器に緊張する。

眼前に天井が崩れた石屋形と灯明台、その前の大甕二ヶ、約一四五〇年前にそこに置かれたままの姿で見える。その奥に飾り太刀が壁ぎわに立てかけられていた、と坂本豊治さん（出雲市文化財課）が教えてくれた。坂本さんに「奥をどうぞ」と導かれて石屋形と奥壁の隙間をのぞくと飾り太刀がもう一本横たわっていた。

「石棺の天井石が逆さにおかれてます」と教えられてはいたが、眼前で見るとやっぱり奇妙だ。本来、石屋形（山陰系横口式家形石棺）の天井石の上面は屋根形で下面は刳り抜かれている。崩落している三枚の天井石は上下面とも平らで屋根形も刳り抜きもない。山本清さんが以前に〝厨子形〟の家形系組合式石棺と仮称された松江市桜崎横穴や栗屋山横穴の石棺などの新しいタイプになりそうだ。ただし、棺の両端に灯明台を設け、平たい天井石をのせるのは、福岡県王塚古墳など北部九州の横穴石室の石屋形と共通しており、土生田純之さん（専修大学）が強調しているように山陰と九州の歴史的関係の中で考えた方がよさそうだ。

石室は奥室と前室がある複室系で、前室には〝棺床〟が設けられていた。そこには〝釘も木棺片もなかった〟という花谷浩さん（同、文化財課）の教示によれば、敷石上に遺体をそのまま安置したことになる。この点も王塚古墳と類似するが、王塚には石枕が置かれていたがここにはない。

「石室の中から閉塞石が見られるのは埋葬された人だけです」と坂本さんが言った。まさにその通り、ここは黄泉の世界なのだ。今から二〇数年前、斑鳩藤ノ木古墳の天井石の隙間から赤い石棺を見て驚き、閉塞石の隙間から石室内に入って閉塞石を見た感覚を思いおこした。ここの閉塞石は天井石までぎっしりと、そして長さ六メートルも積まれており、内外とも石積みの裾は斜めになっている。しかし、中から見た印象は下部は垂直積みで、追葬後の最終閉塞のときに外から内側に落とし込んだ石塊群が斜め堆積しているように感じた。藤ノ木古墳には追葬がなかったので石垣のような垂直積みだけがよく見えた。

国富中村一号墳の石室は、未盗掘で埋葬された当時の姿のまま現れ、慎重な調査が続けられている。六世紀の出雲の豪族の基準となる資料であり保存・公開が期待されている。

69 幕末の天璋院・和宮と倭国の女王ヒミコとトヨ

薩摩藩島津家の篤姫は、薩摩の密使として十三代将軍家定に嫁し、西郷隆盛が監視役についた。

家定は結婚後、第二次長州征伐のとき急死し、大奥の篤姫は天璋院となる。やがて公武合体の象徴として和宮が十四代将軍家茂に降嫁するが、まもまく家茂も急死する。そして、天璋院と和宮の二人とも実家に裏切られ、薩摩は幕府改革の中心となり、天皇・公家も倒幕に走る。

二人は実家への恨みではなく、裏切った実家への怒りから徳川家存続の方策に動き、江戸城無血開城にたどりつく。それは、結果として欧米による日本の植民地化を防ぐこととなり、日本の近代化への道を開いた。

和宮は京都に戻って死去したが、徳川家の墓地に葬られることを遺言し、今、増上寺の家茂の隣に眠る。天璋院は明治一六年に死去したが、清貧のまま薩摩の財政援助を拒否しつづけた。

ヒミコは永い戦乱をおさめるためにクニグニの王のおもわくのまま女王となった。それは三〇のクニグニの王を牽制するための吉備の策略か。やがてヒミコは実力を蓄え自立しはじめ、長生きしてヤマト派の中心となっていった。そして、かねて不和とされていたクナ国との調停を目指したが、うまくいかず開戦となり、死亡した。

トヨはヒミコ死後に男王の台頭するなかで、ヒミコ系の女王としてクナ国との和解をすすめるために擁立され、味方の男王勢力を排して和解を達成した。その背景に外国勢力である晋の力を利用した可能性があり、紙一重の独立を思わせる。

天璋院・和宮に欧米勢力利用のにおいはないが、すでに和親条約を締結していた幕府重臣にその動きがなかったとは言い難い。倭国のナシメと狗奴国のヒメココの将軍との会談が列島某所で開かれ、無血開城となったのかもしれない。

私の発想は、幕末の二人の女性の働きをヒントとしているが、逆想してみよう。幕末には本居宣長をはじめとして邪馬台国論争があった。話題は大奥にも伝わっていただろう。薩摩出身の天璋院は邪馬台国九州説に親近感をもち、二人の女王の活躍を身近に感じていたのではないか。そう考えると話は面白い。そんなことがあっただろうか？

70 ヒトマネ——サルからの一言

サル社会にはヒトマネという言葉があります。ヒトは我々サルのマネをして石でクルミを割ったり、棒で蟻を釣り上げたりしはじめました。ズウズウしくも、それらをヒトが始めたような顔をして、サルマネなどと言ってるのは腹が立つ。

やがてヒトは仲間割れをはじめました。あるヒトたちは風を読み、海や山を讃える詩を歌のように口ずさみはじめました。永い永い詩です。

やがて、その中に祖先の歩みも語られるようになりました。また別のヒトたちは、文字をつくり出し、物語を記録しはじめたのです。それを文明と称し、文字をもたないヒトたちを蔑むようになったのです。

我々サルは、声をあげて感情を伝え合っています。ですから、ヒトの語りに親近感をもっています。のちの世で口承文芸とよばれる分野です。聞くところによると、古代ギリシャやアイヌや北米先住民のヒトたちの間に素晴らしい語りがつたえられているそうです。

文字のない文学、巨大な構造物をつくらない精神文化があっていいのでしょう。構造物はいつか消滅しますが、心の文化は永遠に伝わるでしょう。

あとがき

私の部屋にある末永先生から頂いた整理棚に〝古メモ〟〝中メモ〟〝今メモ〟の引出しがある。〝古メモ〟の始まりは一九六七年（昭和四二）頃のようだが、その頃は兵庫県教育委員会嘱託職員時代で山陽新幹線予定地の試掘調査などに奔走し、夜は摂津加茂遺跡の報告書に没頭していた。

〝古メモ〟には、一九六七年一二月一八日付で、「無頸壷には、ナゼ頸があってはいけないのか」とか、「土器の上を飾る地域と下を飾る地域」とか、たわいない。後者のメモには、「畿内三式（古）頃に大和、河内、播磨、摂津の壷は口縁部内面の加飾が多い。吉備や山陰の土器は、器台や高坏の下半を飾るものが多いのではないか。上を飾ることは、それを見る人の眼が高い位置にあるということであり、下を飾ることは低い位置にあることになる。畿内には一段高く座る人がおり、吉備の（王は）一般の人々と同じ高さで車座にでもなっていたか……というようなことが言えるかどうか……」とある。

前者にも奇妙なことが書き連ねてあるが、いずれも論文としてまとまっていない。

本書は、二〇〇六年六月一二日から八月二五日まで六二回にわたって中日新聞と東京新聞に連載した記事がもとになっている。連載原稿の半分ぐらいは、奈良県香芝市二上山博物館ふたかみ史遊会発行の「ふたかみ史遊」掲載原稿を書き改めた。「ふたかみ史遊」は年三回刊行の会員のための連絡紙であり、〝考古の旅〟と称して〝古メモ〟〝中メモ〟〝今メモ〟を想いおこして気楽に書き連ねた。なお、本書では各項目の理解を助けるため、多くの写真と図面を加え新原稿も添えた。

冒頭に、宮城県石巻市内の〝占いパブ、卑弥呼〟店を紹介したのは、知る限り列島北端の卑弥呼店でもあるが、多分、郷土愛だろう。

私は中学・高校を通じて縄文遺跡の豊富な東北で過ごし、大学での最初の発掘調査が弥生集落で、やがて奈良に移って古墳に出会った。従って、自らの体験をもとに文章を書くことになると、どうしても弥生・古墳時代が中心になる。加えて、見知らぬ土地に出かけ、見知らぬ事物に出会うことを楽しむ癖《くせ》があり、いつのまにか通説・定説をこえて、あらゆる可能性を求めるようになった。

本書は、一つ一つの事物についての〝思いつき集〟であり、〝本当かナ〟という想いをこめて読んで頂ければ幸いです。

なお、末尾に加えた「石野さんの新説・奇説一覧」は、本書に加えていない様々な考え方や新解釈がまとめられていて面白い。詳しくは出典に示した文献を見て頂ければと思います。「評価」は、「野原ひろし」さんの独断です。まどわされませんように！

本書ができるに当たっては、中日新聞社（野口宏部長、担当の足立宣敬編集委員）と香芝市二上山博物館ふたかみ史遊会（畑中俊逸会長）のご好意と手書き原稿のパソコン打ちと「新説・奇説」の数回にわたる編集替えに対応して頂いた裏幸子さん（ふたかみ史遊会）のご協力によるところ大です。

また、新聞連載終了直後に本にすることについてご連絡頂いた大和書房オーナー、大和岩雄氏と担当して頂いた佐野和恵さんなど、多くの関係の方々に感謝します。

二〇〇七年六月吉日

石野博信

石野さんの新説・奇説一覧

評価　◎　**いける**
　　　○　おもしろい
　　　△　まあまあ
　　　×　いまいち

石野さんの新説・奇説を楽しむ会（世話人　野原ひろし）　（＊）は2007年の追記

時代	評価	新説・奇説	初出文献 発行年	初出文献 番号	再録文献 番号	再録文献 頁
縄文時代	◎	・近畿の水稲農耕は縄文晩期中葉（大洞C2式併行期）に始まった。	1958	45		
	△	・宮滝式土器の使用者は海の人である。	1991	47	17	25
			2003	46		
	○	・再発見、橿原遺跡の水上住居と焼人骨。	1988	48	12	38
					20	23
	◎	**・縄文高楼はあった。**	**1993**	**49**		
	◎	**・縄文人の太平洋航路（鹿児島県日置市市の原遺跡や種子島出土の東北地方の亀ヶ岡式土器）**	**1999**	**50**		
弥生時代	×	・兵庫県会下山遺跡の石組には沖縄・ウタキ信仰の影響が推定できる。	1964	1		115
	△	・方形周溝墓に上屋があった可能性がある	1968	2		50
			1987	9		192
	○	・2，3世紀の高城と水城には、弥生中期後半、後期、庄内式期の3段階がある。	1973	53	5	117
	△	・高地性集落と漢代烽燧制	1983	54	5	174
	○	・銅鐸と広形銅矛は弥生末・古墳初に一斉に埋められた。	1983	55	17	240
			1987		20	84
	○	・近畿弥生後期の祭器（文様付長頸壺）は集落祭祀用であり、そこに特殊文様が現れて墳墓祭祀と結合した。	1983	55	17	240
	○	・近畿弥生社会の中の九州的要素は磨製石鎌（京都・芦原）や有柄式石剣（大阪・池上）や素環頭鉄刀（大阪・崇禅寺）などある。	1983	55	17	242,243
		他方、朝鮮・中国的要素は舶載鏡片・銅釦、漢式三翼鏃、貨泉、朝鮮製銅剣を模倣した木剣柄などがある。	1983	55	17	243～246
	◎	**・弥生前期末の遺跡急増は縄文人の水稲農耕採用による。**	**1986**	**57**	**20**	**37**
	◎	**・弥生の戦争は近畿は近畿、九州は九州と、それぞれの地域内の争いだ。**	**1986**	**58**	**16**	**132**
	×	・弥生後期の高地性集落は近畿に集中し、やがて前期大型古墳群が生まれる。	1987	9		20
	◎	**・銅鐸も銅剣・銅矛も横に立てる埋め方に共通する思想がある。**	**1987**	**9**		**124**
	○	・弥生の縄文的祭祀具（石棒・男根状木製品など）は集落内で使用され、廃棄されているが、青銅製祭具（銅鐸など）は集落外に埋納されている。	1987	9		75
					20	74
	○	・銅鐸は希に墓に埋納される場合がある（奈良県大福遺跡）	1987		20	82
	○	・方形周溝墓には、本来盛土があった。	1987	9		137
	◎	**・方形周溝墓や銅鐸は北部九州で芽生えたが、近畿弥生人が墓制として、あるいは祭具として定着させ普及させた。**	**1988**	**59**	**17**	**42,43**
	○	・板付遺跡の「縄文水田」以降、従来、縄文土器と認識していた時期に水稲農耕を行っていた可能性が高まった。	1991	47	17	33

時代	評価	新説・奇説	初出文献		再録文献	
			発行年	番号	番号	頁
弥生時代	△	・日本列島の水稲農耕の故地は中国北部と中国南部の２ルートがあり、九州へは前者、近畿へは後者から伝来したのか？	1991	47	17	38
	○	・奈良県・坪井遺跡の長身の２人の弥生人は、弥生前期末に縄文人に米作りの技術指導にやって来た人々だ。	1991	47	17	39
	◎	**・方形周溝墓の出現は、列島初の墓地占有であり前方後円墳の出現に匹敵する。**	**1991**	**47**	**17**	**40**
	△	・兵庫県・田能遺跡の銅釧などをもつ弥生中期末の第３号方形周溝墓の被葬者は北部九州人か？	1991	47	17	45
	△	・大阪府下池田遺跡の弥生後期の大型円形墓などは、前方後円墳の主体は円形部だからその出現の背景を知るために重要だ。	1991	47	17	45,46
	△	・大阪府東山遺跡の住居分布（丘陵頂部１基、中腹１基、丘陵端複数）は弥生社会の３階層を示す。	1991	47	17	47～49
	△	・弥生環濠集落はすべてを囲む近畿と中枢部だけを囲む九州との相違があり、九州は開明的で近畿は保守的ということになる。 このことは、近畿は一族が一人の王を支え、九州は多くの集団が１人の王を支えていた姿が考えられる。	1991	47	17	51
	△	・近畿の弥生集落は継続型＝歴代集落が多く、九州は断続型が多い。一定地域に永く住めば保守的な傾向が強まる。	1991	47	17	52
	△	・弥生後期の山城が近畿に集中するのは前方後円墳出現にかかわる戦い、つまり大和政権成立にかかわる戦いである。	1991	47	17	52
	◎	**・鳥取県青谷上寺地遺跡では、銅鐸工人が鏡製作に関与した。**	**1993** **2002**		**19-1** **35**	**図版** **76**
	△	・弥生後期の街路整備と公共広場の設置。	1994	61	20	179
	△	・弥生中期の丹後の長方形貼石墓（志高遺跡など）は出雲の四隅突出型方形墓の祖型になりうる。	1995	62	34	240
	○	・弥生のカミの否定ー銅鐸・銅矛の廃棄は弥生後期末・古墳早期ー190～210年ころである。	1996	63	42	92
	○	・近畿で重い石鏃が発達した弥生中期後半には、北部九州では鉄器が普及しており、“畿内による九州征服説”は成立しない。	1996	64	34	10
	○	・弥生山城３段階論の年代訂正 １段階　前１世紀（弥生中期後半）、関東以西の列島各地（中国文献の記載はない） ２段階　２世紀（弥生後期）、近畿中心の争乱で『魏志』の「倭国乱」に相当し、卑弥呼共立に至る。 ３段階　３世紀中葉～後半（庄内式中葉～後半）卑弥呼没後、壱与（台与）の時代の各地の争乱。	1996	64	34	14
	◎	**・環濠集落は山城（高地性集落）に対応する平城（ひらじろ）である。**	**1996**	**64**	**34**	**16**
	○	・近畿の弥生集落は大規模（唐古鍵遺跡、径500メートル）で九州は小規模であり、九州の青銅器は「見かけの繁栄にすぎない」という佐原眞説は吉野ヶ里遺跡の長径1000メートル規模によって覆った。	1996	64	34	17
	◎	**・従来、縄文時代晩期とされていた山ノ寺式土器の頃、山稜ではアワ、ヒエの畑作（長崎・山ノ寺）を、低地（佐賀・菜畑）ではコメをつくっていた。**	**1996**	**64**	**34**	**19**
	△	・西日本各地で独自の農耕文化が芽生えた前期末に、最古の山城	1996	64	34	21

時代	評価	新説・奇説	初出文献		再録文献	
			発行年	番号	番号	頁
弥生時代		（京都・扇谷）が出現した。				
	◎	**・海外航路に面した山城は、通行料徴収のための施設であり、大和は各クニグニの諒解なければ通行できなかった。**	**1996**	**64**	**34**	**22**
	△	・２世紀末～３世紀の北陸の山城は越と大和の戦いを表している。	1996	64	34	26
	◎	**・弥生中期に積石塚がある（香川県・成重）。そのルーツは高句麗を介し、シベリア・バジリク・クルガン群にある。**	**1999**	**65**	**15**	154,158
			2000	**66**		
	△	・弥生時代に移動式カマドがあった。	2002	67		
	◎	**・大和の弥生人は保守派で、東国的要素をもつ。河内の弥生人が弥生後期初頭に環濠を廃棄しているのに大和は弥生末期まで持ち続ける。**	**2004**	**51**		155,156
邪馬台国の時代	◎	**・卑弥呼は魏の皇帝を“背景としての権威”とした。**	**1978**	**68**		
	△	・京都府広峯15号墳出土の「景初４年」銘鏡は、実在しない年号であり、倭国産であることを示す。（＊そうであれば、三角縁神獣鏡の製作年代は239か240年であり、古墳への副葬まで２世代以上の伝世を考えねばならない）	1989	69	17	219,220
	◎	**・但馬・森尾古墳の「正始元年」銘鏡は、出雲・神原神社古墳の「景初３年」銘鏡と共に大和政権経由ではなく直接、魏との外交交渉によって入手したものであろう。**	**1989**	**69**	**17**	221,222
	△	・三輪山麓で、“邪馬台国はココ”	1990	70	20	161
			1999		34	37
	○	・卑弥呼は纒向１・２式土器を、壱与は同３式土器を使用していた。	1991	71	20	165
	◎	**・卑弥呼の居館には書記官が居り、文字を使用していた。**	**1991**	**71**	**20**	**166**
	△	・２世紀の「倭国乱」の原因は異常気象であり、「人相食」「王殺し」の状況がつづいた。	1991	72	42	93
					42	93
	○	・箸墓古墳被葬者の直接の領域は、古墳が造山にみえる北は天理市庵治付近、西は広陵町馬見丘陵、南は橿原市南浦付近である。	1991	47	17	54
	△	・邪馬台国は庄内式土器製作地であり、奈良盆地東南部が有力だ。大阪府東部は外港だ。	1992	119	20	59
	◎	**・卑弥呼の鏡は三角縁神獣鏡ではない。**	**1995**	**73**		
			2001		**32**	**53**
			2006	**89**	**44**	**24**
	◎	**・女王・卑弥呼を中心とする倭国共通の理念を示す考古資料は長突円墳と鏡である。**	**1996**	**63**	**42**	**93**
	○	・卑弥呼の「鬼道」は、景初元年（237）に洛陽で行われた円丘・方丘による天神と地神の祭祀の影響を受け、前方後円墳が生まれた。	1997	74	34	189
	○	・奈良・箸中山古墳（箸墓）は３世紀後半であり、卑弥呼没年（247か248）と一致しない。	1998	75	34	33
	○	・三角縁神獣鏡から邪馬台国は見えない。三角縁神獣鏡の古式鏡群をもつ奈良・黒塚古墳は布留式（４世紀初～前半）で、新式鏡を含む椿井大塚山古墳は布留２式（４世紀中以降）であって卑弥呼・壱与の治政は終わっている。	1998	75	34	34
	×	・卑弥呼墓は、規模では全長276メートルの箸中山古墳、副葬品では銅鏡40面の福岡・平原墓がふさわしい。（＊箸中山は３世紀後半、平原は３世紀初で卑弥呼没年に合致しない）	1998	75	34	36

時代	評価	新説・奇説	初出文献		再録文献	
			発行年	番号	番号	頁
邪馬台国の時代	△	・卑弥呼「居処」は穴屋（竪穴住居）で、高屋で祭祀を行った。	1999	76	34	56
	◎	・女王・卑弥呼の即位の年は180年代である。	2001	32		2
	○	・卑弥呼と壱与の時代の土器は近畿の庄内式土器とその併行形式である。	2001	32		3～5
	◎	・卑弥呼の居館を復元する。	2001	32		8～20
	◎	・卑弥呼の鬼道を示す考古資料は2世紀末に新たに登場する組帯文や導水施設、そして長突円墳（前方後円墳）である。	2001	32		21～30
	○	・卑弥呼の墓は箸中山古墳（箸墓）ではない（邪馬台国大和説をとっても壱与の墓がふさわしい）	2001	32		123～130
	○	・3世紀の広域移動土器の動態。	2001	32		173～182
	◎	・3・4世紀の倭・韓の墳丘中や墳丘上に建物があった。	2001	32		197～210
	△	・2世紀末～3世紀後半の時期別の列島最大の墳墓一覧。	2001			218
	◎	・女王・卑弥呼共立の主導者は楯築古墳の被葬者である。	2002	81	35	87
	◎	・邪馬台国の場所は魏の賜物に付された「封泥」の多量出土地で決まる。		77		
	◎	・東大寺山古墳、中平銘鉄刀の棺外副葬 中国から卑弥呼即位のとき賜られた鉄刀が約200年後、粗末に扱われている訳。	2006	78		
古墳早期	○	・庄内式土器の細分。	1972	79		
	◎	・纒向石塚古墳の相対年代は纒向1式（古）（従来の弥生5式末）である。	1976	3		512
			1999	80		
		（＊桜井市教育委員会による墳丘盛土調査による3600片余の土器を根拠に、纒向1式（新）に訂正。なお、墳丘内土器片に庄内式が含まれないことから、庄内式土器成立前の築造とした）	2000		34	130～136
	○	・纒向・弧文円板と楯築・弧帯石の関係	1976	3		586
		古墳としては楯築が古く、文様論では弧文円板が古い。	2002		34	73
	○	・奈良県纒向遺跡の3世紀の外来系土器はニイナメオスクニ儀礼（新嘗祭における地方豪族からの食物供献儀礼）を示す。	1976	3		509
	◎	・箸中山古墳（箸墓）には幅100メートル余の周濠がある。 1982年には現地形などから盾形周濠としたが、2001年にその後の調査成果から馬蹄形周濠に訂正した。	1982		32	81
	◎	・奈良、纒向・辻土坑4・下層土器群は布留式の名称を付すことはできない（布留式固有の小型土器3種の未成立）	1982	84	15	15
			1990		34	108～110
	○	・庄内式期には前方後円墳が存在した。	1984	85	17	183
	◎	・弥生・古墳時代に石室内や木棺内に当初から土砂を充填する場合があった。（長野・弘法山古墳、福岡・西平塚D25号墳）	1985	107	15	34
	○	・前期古墳とされている柳葉型銅鏃は、3世紀の庄内併行期から存在する。	1985	107	15	39
	△	・3世紀の奈良県見田大沢古墳は一隅突出型前方後方墳である。	1987	86	17	141
	○	・3世紀初頭の奈良県纒向石塚古墳くびれ部周濠には立柱がある。	1987	86	17	143
	◎	・各地の弥生後期と認定されていた土器の多くは、古墳前期まで継続して制作されている。例えば、北部九州・西新町式、近畿・5式、南関東・前野町式、北関東・樽式、十王台式など。	1987	9		16
					20	68

時代	評価	新説・奇説	初出文献		再録文献	
			発行年	番号	番号	頁
古墳早期	△	・庄内式期に村の中の祭場が固定される。	1987	84	20	126,185
	◎	**・古墳早期の設定、纒向1式～3式（弥生5式末と庄内式）を古墳早期とし、古墳では楯築古墳から箸中山古墳の特殊器台使用期とする。**	**1988**	**59**	**17**	**62**
	○	・"厚甕"（弥生系）と薄甕（庄内系）の東西拡散。	1988	87	15	24～29
	×	・北部九州の庄内式土器は圧倒的に大和型が多い。	1988		11	28
		（＊現在は資料増加により河内型庄内が多いことが判明）			20	105
	○	・吉備の楯築墓は古墳である。	1989	69	17	215
	△	・箸墓墳丘墓　－－箸墓古墳は墳丘墓の一つ－－	1989	113	20	61
	○	・前方後円墳成立期に近畿人は九州の鏡などの副葬風習をとり入れた。	1989	113	20	61
	○	・近畿では庄内式期に弥生の高地性集落は消滅する。	1990	155	20	125
	○	・纒向1～5類様式の設定	1990	115	34	119～129
	○	・古墳周濠内の鋤・鍬は古墳築造に使用した用具の埋納である。	1990	117	34	112
	○	・弧文・弧帯文は学史的には浜田耕作先生の「組帯文」とすべきである。	1990	117	34	98
	◎	**・長突円墳（前方後円墳）は、卑弥呼の新宗教・鬼道のシンボルとして190年頃に登場した。**	**1991**	**72**	**42**	**93**
	○	・円形墓は弥生時代を通じて方形墓群内の少数派であったが庄内式期に円形墓群が成立する。	1992	120	42	131
	◎	**・3世紀末・4世紀初の長突円墳体制（前方後円墳体制）の先駆形態は、すでに3世紀前半の纒向型前方後円墳にある。**	**1992**	**120**	**42**	**134**
	◎	**・墳丘の非3段築成・遺体の非北頭位の香川・鶴尾4号墳や京都・黒田古墳が都出説「前方後円形墳丘墓」であれば、奈良・箸中山古墳の円丘部5段、前方部側面無段、京都・椿井大塚山古墳の円丘部不整合なども前方後円墳に入らない。**	**1992**	**120**	**42**	**134**
	○	・おおやまと古墳群内の長突方墳は3世紀代には墳丘規模の点で長突円墳と対等であった。	1992	120	42	137
	◎	**・日本最初の弥生土器である弥生町式は土師器である。**	**1993**	**19**	**42**	**図版**
	◎	**・古墳周濠（周辺区画）は、古墳時代初頭（庄内式期）から存在する。**	**1993**	**19**	**42**	**25**
	○	・土器の移動様式と受容様式 1.a　多種多量多地域移動－全器種が多量に広域に移動 b　多種少量多地域移動－全器種が少量づつ広域に移動 2.　多種多量多地域の土器をもつ集落は都市である。	1993	123	34	140
	△	・前方後円墳のルーツはB、C5～3世紀の北方遊牧民の石柱列をもつ円形積石塚の可能性がある。具体的には2世紀末、3世紀初の徳島・足代東原B1号墳や同・萩原1号墳にある。	1994	124	20	183
	◎	**・3・4世紀に祭祀専用の建物＝祭殿は成立していた（奈良・纒向、鳥取・長瀬高浜）**	**1994**	**124**	**20**	**184**
	◎	**・埴輪や土器に含まれる他地域の砂礫は、産地を示すのではなく、「物実」として象徴的に加えられた。－3世紀の大和と吉備の関係－**	**1997**	**74**	**34**	**190,191**
	△	・纒向遺跡の導水施設は「物実」としての砂礫を得る施設か。	1997	74	34	192
	△	・3世紀の大阪・尺度に方形区画の居館と周辺建物群がある。	1998	75	34	30、57

時代	評価	新説・奇説	初出文献		再録文献	
			発行年	番号	番号	頁
古墳早期	○	・長野県では近畿で円形周溝墓群が出現する庄内式期に同じ現象がおこっている。	1993	88	34	220
	○	・青龍3年（235）銘鏡をもつ丹後、太田南5号墳は土器からみて3世紀後半か4世紀前半であって、決して4世紀中葉以降ではない。	1995	62	34	227
	△	・会津坂下町の庄内式土器？	1999	90	34	194
	×	・会津坂下町細田の古式土師器は纒向2式（庄内古式）併行だ？	1999	90	34	194
	○	・会津・杵ヶ森古墳は漆町7式期（纒向4類）かそれ以前である。	1999	90	34	195
	△	・会津・杵ヶ森古墳は周囲の漆町7・8式の方形周溝墓群に先行する。	1999	90	34	195
	○	・長崎県五島列島、小値賀町と福岡県志賀島には庄内式系の土器がある。	1999	91	34	265
	◎	**・多種多量の在地産外来系土器は集団移住である（群馬県石田川遺跡） 多種多量の搬入土器は「儀式」への参加を示す。 少種多量の外来系土器は強制移住か。**	**1999**	**128**	**34**	**159～166**
	◎	**・3世紀中葉の大和・ホケノ山古墳の被葬者は、埋葬施設の構造からみて阿波か讃岐の出身者である。（大和の船を先導した）**	**2000**	**92**	**34**	**249**
	◎	**・2世紀末・3世紀の吉備・大和連合。**	**2002**	**81**	**35**	**95**
	◎	**・3世紀のヤマト政権は対中・朝外交上、日本海・瀬戸内海・太平洋の3航路を確保し、状況によっていずれかを活用した。 島根県・南講武草田遺跡、岡山県・津寺遺跡、高知県・仁ノ遺跡などの畿内系土器が根拠。**				
	◎	**・「倭人伝」の「5尺刀二口」を思わせる3世紀の長刀は、日本海沿岸の3例に限られる（福岡・向原、鳥取・宮内第1、兵庫・内場山）**	**2005**	**93**	**42**	**172**
	◎	**・3世紀末、大和では新大王による祖霊祭祀が一斉に挙行された。 （纒向石塚、纒向勝山、ホケノ山などの古墳周濠内の外周の纒向4類＝庄内末（布留0）土器の多量出土）**	**1999**	**166**		
古墳時代	△	・横穴石室内の1次葬床面に30センチ厚の整地土をおき、2次葬の家形石棺を入れる例がある（兵庫県姫路市チンカンドー古墳）。	1962	94	15	230
	○	・横穴石室に天井石でなく木板を、閉塞石でなく土を使用している場合が比較的多い。	1971	95	15	201.201
	○	・後期古墳には墳丘外表施設としての外区列石がある。 竪穴石室的使用の小横穴石室。	1971	95	15	208
	◎	**・4世紀のヤマト政権はヒメ・ヒコ制を採用していた。**	**1976 2002**	**168 35**	**5**	**647 102**
	◎	**・横穴石室は遺体骨化の場でもあった（埋葬ではなく風葬だ）**	**1978**	**96**	**20**	**226**
	◎	**・弥生時代と古墳時代は将来の日本列島史の時代区分としては統合すべきである。**	**1982**	**97**	**15**	**2**
	△	・近藤義郎説「墳丘墓」は弥生墓か古墳か。	1982	84	15	16
	◎	**・4世紀の大和政権を中央政権と意識した首長が多いのは中部・関東である。従って、大和政権は東方との連携を背景として西日本への拠点的な拡張をはかった。**	**1982**	**99**	**15**	**22**
	△	・郊祀円丘「天子が天帝を祀るために都城の近郊に設けた祭壇施設」（中国）の5世紀の列島への影響。	1983	100	15	49
	◎	**・舟形石棺に象徴される非大和連合**	**1983**	**101**	**15**	**97**
	◎	**・長持形木棺の提唱**	**1983**	**102**	**19**	**1.14**

時代	評価	新説・奇説	初出文献		再録文献	
			発行年	番号	番号	頁
古墳時代		**4．5世紀には長持形木棺が畿内の王者の棺の主流で、それが5世紀になって長持形石棺へと継承された。**	**1993**	**121**	**42**	**26**
	△	・古墳時代祭祀には5類型がある。 纒向型（農耕儀礼）、墓墳型（首長権継承儀礼）、玉手山型（祭天の儀礼？）、石見型（治水？）、三輪山型（神体山）	1983	103	15	43～54
	◎	**・方画地割は6世紀前半、あるいは5世紀後半に萌芽し、各地域の豪族によって施行されたが、それが条里制として国家レベルで採用されたのが8世紀だが、施行範囲は限られており、現条里景観が完成するのは12世紀以降である。**	**1983**	**104**	**15**	**79、80**
	◎	**・滑石製品の「祭具量献」は、鏡・剣・玉の形代化であり、王権の変質を示す。**	**1983**	**104**	**15**	**83**
	○	・南部九州の地下式板石積石室や地下式横穴は副葬品からみて地域首長の墓制であり、高塚古墳は受容しなかった。	1983	101	15	90、91
	○	・竪穴系横口式石室の三重県おじょか古墳などは5世紀後半・6世紀前半の北部九州首長層ー筑肥政権による拠点的進展を示す。	1983	101	15	94
	◎	**・5世紀の箱形石棺と舟形石棺の盛行地域（香川・福井・群馬）は共通し、畿内政権とは別の西日本連合勢力の存在を予測しうる。**	**1983**	**101**	**15**	**101**
	◎	**・筑紫君は反乱伝承をもちながら前方後円墳を築造し、水沼君は服属伝承をもちながら大円墳を築造する。**	**1983**	**101**	**15**	**121**
	○	・5世紀後半の関東の古墳動向と安閑紀元年の武蔵の乱の記事を対応させると勝利者側に大和政権が敗者側に上毛野政権が加担していた。	1983	101	15	132
	×	・埼玉稲荷山古墳銘文鉄剣の保持者は、大和政権が武蔵の乱に介入したときに派遣した武人であり、その時にその鉄剣を携えた。	1983	101	15	134
	○	・大型古墳の消長からみると、大和と吉備の戦乱は熾烈であり、筑紫や毛野との戦乱は殲滅的ではない。しかし、両者とも乱後、大和による屯倉や部の設置が進行した。	1983	101	15	136
	◎	**・古墳時代には低塚系と高塚系の墳墓が存在した。**	**1984**	**140**	**15**	**19**
	◎	**・6世紀は長突円墳が存在しても古墳時代ではない。** **──5世紀後半の王権継承儀礼の王宮開催による古墳の変質と大王居館の整備──**	**1984**	**83**	**15** **42**	**83** **176**
	○	・住居数が増大する時期からみて、関東の開発のピークは鬼高式期（6世紀中心）と国分式期（8・9世紀）にある。	1984	131	15	168
	◎	**・八賀晋氏の土壌論、都出比呂志氏の農具鉄器化、黒崎直氏のナスビ型鋤先の変質は、それぞれ5世紀中葉の農業生産力の画期を指摘しているが後2者は開墾用土木具とはなり得ない。**	**1984**	**131**	**15**	**169**
	◎	**・追葬を本旨とする横穴石室墳の普及ー群集墳の成立は生者による死者の世界への踏み込みが地域社会に浸透したことを示しており、上層者のための墓＝古墳が下層者の墓へと変質した。**	**1984**	**131**	**15**	**177**
	◎	**・群集墳の被葬者は攻撃用武器としての鉄鏃と防御用武器としての刀子を象徴的に副葬した。**	**1984**	**131**	**15**	**191**
	◎	**・7・8世紀の多角形墳は天皇陵級と認識されているが、出雲風土記にいう天下造りの神（王）が各地に存在していて、前方後円墳同様に各地の王が築造した可能性がある（広島・尾市1号墳、群馬・武井古墳など）。**	**1984**	**105**	**15**	**251**

時代	評価	新説・奇説	初出文献		再録文献	
			発行年	番号	番号	頁
古墳時代	○	・奈良・中尾山古墳石槨には仏塔同様の四天柱がある。	1984	105	15	253
	◎	**・副葬用明器としての鉄刀　供献**	**1985**	**106**	**15**	**8**
	○	・奈良県石見遺跡の人形木製品はトリである。	1986	108		
	○	・群集墳による房戸、郷戸論 ──１墳丘の非独立性──	1986	109	17	174～176
	◎	**・石見形盾形埴輪と同木製品と琴柱形石製品は鹿角信仰に由来するという増田精一・中村五郎説は、飛鳥時代の天皇の薬猟に通ずる。鹿角形木製品と仮称する。**	**1986 1992**	**108 110**	**20**	**253**
	◎	**・７世紀の小形横穴石室は棺を上から入れ、追葬を行わない単葬となった。**	**1986**	**109**	**17**	**178**
	△	・兵庫県宝塚市庚申塚古墳は九州に多い複室系横穴石室である。	1986	109	17	181
	○	・兵庫県宝塚市の７世紀の八角墳である中山荘園古墳は八角墳＝天皇陵の「常識」に疑問符をつけた。	1986	109	17	181,182
	○	・前方後円墳は一般成員との隔離を示すと言われているが、出現期の前方後円墳の前方部周濠幅はせまく隔離性のシンボルにはならない。	1987	84	9 20	215 117
	×	・三角縁神獣鏡は福岡県妙法寺古墳など庄内式期にある。 （＊現在は、庄内式末に1・２例ありうるが、基本的には布留式期と訂正）	1987	84	20	121
	○	・奈良県箸墓古墳の南１キロにある桜井茶臼山古墳から三角縁神獣鏡が出土している。大和政権が服属の証に同鏡を配布したという通説では理解できない。	1987	47	17	143
	×	・初期大和政権は東海地方をステップにして、やがて東海勢力が東方へと積極的に手をのばした。	1987	47	17	144
	◎	**・漢代陵寝制の列島への影響。 ──弥生方形周溝墓と古墳への立柱──**	**1988**	**98**	**15**	**66**
	◎	**・６世紀は古墳時代ではなく、プレ律令期だ。**	**1988**	**47**	**17**	**79**
	◎	**・布留式期の小型土器３種（小型丸型壺、小型鉢、小型器台）は４世紀倭政権の祭祀セットとして一括移動すると考えられているが、１点づつがバラバラに移動している。**	**1988**		**11 20**	**29 106**
	△	・藤ノ木古墳鞍金具文様の「鬼神」はイラク・ハトラ遺跡のネルガル神（軍神で冥界を司る）と共通し、「舌出し鬼面」はギリシャ神話のメドゥーサに通ずる。	1988	111	20	184
	×	・高松塚古墳の石槨内はすべて漆喰で塗りこめられていた。最後に塗った人はどこから出たか？	1988	112	20	230
	○	・古墳立柱には墳頂の廟堂と墳裾の立物がある。	1988	98	15	54～66
	○	・京都府森山遺跡の方形区画（４世紀）は、近畿初の居館である。	1990	114	42	46
	◎	**・整然と並ぶ高倉群（大阪・法円坂遺跡、和歌山・鳴滝遺跡）によって５世紀の収税・管理体制は計画的に行われていたことが分かる。**	**1990**	**114**	**42**	**51**
	○	・宮城県山前遺跡の４世紀の居館は、東北南部の豪族層の成長が関東・近畿と併行して進展していたことを示す。	1990	114	42	47
	○	・５世紀後半には政治空間と経済空間を左右対称に近く配置する居館がある。（静岡県古新田）	1990	114	42	52
	◎	**・群馬県三ツ寺Ｉ遺跡の５世紀の豪族居館は、「三ッ」＝御津、「寺」＝役所（稲荷山鉄剣銘文）であり、「御津の公館」である。**	**1990**	**114**	**42**	**53**

時代	評価	新説・奇説	初出文献		再録文献	
			発行年	番号	番号	頁
古墳時代	○	・5世紀の静岡県古新田遺跡の居館のうち、西群は政治空間で東群は経済・祭祀空間である。	1990	114	19-2 42	 52
	○	・奈良県藤ノ木古墳は、上位の墳丘、石室、副葬品をもつが最上位級ではない。	1990	116	15	205
	◎	**・考古学的な都市の要件は、外来系土器の質と量によって検討できる。**	**1990 1999**	**167 76**	**41 34**	**62 47,48**
	◎	**・浄水を得るための導水施設の提唱 3世紀の大和に始まり、6世紀に継続する。**	**1991**	**72**	**42**	**97～99**
	△	・中国『山海経』にある魃神（身長2尺、目は頭の上にある日照りの神）の形代が5世紀後半以降の列島にある。（静岡県大谷川遺跡）	1991	72	42	112
	○	・初期大和政権は、経済的基盤の背景を東海地方に求め、政治的には吉備と連携することによって、新たな政権を成立させた。	1991	47	17	61
	△	・5世紀の大王居館伝承地は大和にあり、大和政権は存在しても河内政権は存在しない。	1991	47	17	63
	○	・大和の前期古墳は高所に立地し、当初から周濠は潅漑用水池として意識されていた。つまり、大型古墳の築造は新田開発と連動しており、崇神紀の池溝開発記事とも重なる。	1991	47	17	64、65
	△	・古墳時代の河川統御は茨田堤に象徴されるように渡来人によって河内から始まった。	1991	47	17	66
	◎	**・5世紀後半はワカタケル大王による変革期で横穴石室への追葬は遺体を直視することとなり、新しい時代の到来を告げている。**	**1991**	**47**	**17**	**70**
	○	・近畿では横穴石室は円墳階層から始まり、その後に前方後円墳階層に広まった。	1991	47	17	71
	◎	**・4世紀の古墳に6世紀の追祭祀があった。（奈良県渋谷向山古墳「景行陵」や斑鳩瓦塚古墳出土の須恵器群）**	**1991**	**47**	**17**	**124**
	△	・装飾古墳の中の虎賁（こほん） 「中国の皇帝は狩猟に際して虎賁を従えた。虎賁は虎の皮を身につけ、鳥の羽根を頭にさして動物を追う」	1992	118	42	161
	△	・「木の埴輪」のうち、大・中・小の笠形木製品を棒にさせば、三角縁神獣鏡の傘松形と同じだ。	1992	118	42	143
	◎	**・人物埴輪の登場は、カミや王の形代であり、古墳における王権継承儀礼が葬儀から現世に変質したことを示す。**	**1992**	**118**	**42**	**143**
	×	・鳥取県長瀬高浜遺跡の古墳ではないところの形象埴輪群は砂丘上の王権継承儀礼の場か？	1992	118	42	143
	△	・「見返りの鹿」埴輪は、中国海南島リー族に伝わる民話に通ずるか。	1992	118	19-9	
	△	・古墳時代の方形墓の4類型 A類型　一定墓域内に古墳時代を通じて方形墓をつくりつづける。（奈良・矢部遺跡） B類型　一定時期だけ集中的に方形墓をつくる。（滋賀・服部） C類型　長突円（方）墳の周辺に附随的につくる。（福島・杵ヶ森古墳群） D類型　独立墳、あるいは2・3基の小群としてつくる。	1992	120	42	130
	○	・近藤義郎『前方後円墳集成』によれば、備前の51基の前方後円墳のうち3段築成はゼロで、円・方のどちらかに段築があるのは	1992	120	42	135

時代	評価	新説・奇説	初出文献		再録文献	
			発行年	番号	番号	頁
古墳時代		14基にすぎない。				
	○	・狩猟埴輪群は再生のための狩猟儀礼を象徴する。	1992	120	42	161
	○	・埴輪出現の契機は神（被葬者を含む）と人（新王を含む）との共食儀礼であり、形代（かたしろ）として器台や壺を製作した。	1992	120	42	163
	○	・九州・装飾古墳の靫・盾は辟邪の象徴であり、近畿の粘土槨上の盾と共通する。	1992	120	42	163
	◎	**・「木の立物」に人や鳥以外の動物はなく、器材も実物を含むのは埴輪が再生儀礼の恒久化のための形代であることを示唆している。**	**1992**	**120**	**42**	**164**
	◎	**・古墳時代の「武器の変遷の速度は非常にゆるやか」（田中1981）なのは「同人種間の戦斗を主として推移した」（末永1934）からである。**	**1993**	**19**	**42**	**21**
	○	・５世紀には鏡・剣・玉などの滑石製ミニチュア形代が多量に使用される。これは４世紀の碧玉製腕飾類が葬具であることと異質である。	1993	19	42	23
	◎	**・古墳時代の土製ミニチュアの騎馬人物像や頭に眼のある土人形（魃神）は、稲田の害虫退治である“虫送り神事”に由来し、中国『山海経』の道教にたどり得る。**	**1993**	**19**	**42**	24,112
	○	・奈良・新沢千塚126号墳は北方騎馬遊牧民系の被葬者らしい。 棺は大和古来の割竹形木棺である。 ――“騎馬民族は現地の習俗をそのまま受け入れる”という江上波夫説の倒証――	1993	122	42	211
	◎	**・『全国前方後円墳集成』１期に、大和には定型化前方後円墳はゼロである。**	**1995**	**125**	**42**	190～192
	○	・地域の首長墓は長大な竪穴石室・割竹形木棺とは限らない。	1995	125	42	192
	○	・５世紀の大王の居館では高倉群（大蔵）は別置されていた。	1996	63	42	85
	○	・宗像・沖ノ島の国家的祭祀は、大和・三輪山の祭祀と連動し、半島侵攻を契機に始まった。	1996	63	42	86
	◎	**・クソマキ儀礼ースサノオの天津罪、導水施設上の寄生虫卵（３世紀・纒向、５世紀・南郷大東）の解釈。**	**1996** **1999**	**63** **127**	**42**	**87**
	○	・古墳時代のスパンコール。	1996	63	42	101
	△	・大国主命は纒向１式期（２世紀末ー３世紀初）に三輪山に移された。	1996	63	42	115
	△	・曲刃刀剣の副葬は、明器か海洋民の風習か。	1996	63	42	122
	◎	**・全長280メートルの箸中山古墳の巨大さだけを重視し、一辺30メートルから全長90メートルへの変質を軽視するのは首尾一貫しない。**	**1997**	**74**	**34**	175,176
	△	・装飾古墳に登場するふっくらズボンの人物はペルシャ系胡人か。	1998	126	42	218
	△	・関東の人物埴輪に認められる赤・黒の斑点は、奈良県藤ノ木古墳出土のスパンコールか。	1998	126	42	218
	○	・香川・宮ヶ尾古墳の線刻絵画は時間と空間の遠近を描き分けており、佐原眞説の６世紀末までの列島での未発達説は成立しない。	1998	126	42	220
	◎	**・古墳被葬者のランクは、墳丘の形態、規模と埋葬施設に表現されており、副葬品は職掌や経済力を表す。**	**1998**	**126**	**42**	**221**
	◎	**・京都・椿井大塚山古墳の墳頂出土土器は布留２式であり、４世紀中葉をさかのぼらない。**	**1998**	**75**		
	△	・埼玉稲荷山古墳の鉄剣銘文中の「意冨比_」によって『日本書紀』崇神天皇条の「大彦命」の実在性が強まり、四道将軍の会津での相	1999	90	34	199

時代	評価	新説・奇説	初出文献		再録文献	
			発行年	番号	番号	頁
古墳時代		遇も検討の対象となった。				
	△	・「船はゼニを稼ぐが、家は稼がん」という五島列島の漁師の名言はゼニを稼がない長突円墳の築造者層が主として農耕民であることを考えさせる。	1999	91	34	263
	△	・奈良盆地東南部（おおやまと地域）から同北部（佐紀地域）への大王墓の移動は、政権交代ではない。	2000	130	34	255
	◎	**・日向・生目（イキメ）古墳群の呼称と最初の大王であるミマキイリビコの呼称の共通性は、大王がイリ（西）から来たことを主張している。**	**2000**	**130**	**34**	**262**
	△	・日向・生目古墳群は4世紀末の大和の侵攻の失敗を契機に発展した。	2000	130	34	256
	◎	**・「前方後円墳」を「長突円墳」と改称** **前方後円墳は方が前で円が後ろの証明はない。むしろ、主丘部が円丘か方丘かが重要で、それに長短の突出部が付設された。**	**2001** **2002**		**32** **34**	**57** **1**
	◎	**・「前方後円墳は大和政権が服属の証として築造を認めた」という学説は、筑紫君磐井の寿墓と言われる前方後円墳である岩戸山古墳によって否定された。**	**2005**	**93**	**42**	**167**
	◎	**・三角縁神獣鏡の大和政権による配布論の矛盾。** **（1）古式三角縁神獣鏡の副葬は、長突方墳から始まった（兵庫・西求女塚古墳、同・権現山51号墳）。** **（2）福岡・藤崎方形周溝墓（1面）や奈良・鴨都波方墳（5面）などの小古墳（一辺20メートル未満）出土例の政治的説明。** **（3）大和政権の公共物である三角縁神獣鏡を、自己の古墳に多量副葬するのは公共物横領ではないか（奈良・黒塚、京都・椿井大塚山）。**	**2005**	**93**	**42**	170,171
	◎	**・12面の紀年銘鏡のうち、長突円墳出土は3面だけで4世紀後半の古墳に限られる。京都・太田南をはじめ小古墳はすべて3世紀代築造で紀年に近く、直接入手を思わせる。**	**2005**	**93**	**42**	**171**
	○	・埴輪工人は、製品の一部を中・小古墳に提供していた。 （大阪・美園や同萱振など5世紀の小古墳の大型形象埴輪群）	2005	93	42	174
	○	・初期横穴石室は北部九州では長突円墳（福岡・老司）に、近畿で小古墳（大阪・藤ノ森）に採用された。（九州の王の先進性と近畿の王の後進性）	2005	93	42	175
	○	・「前方後円墳体制」が存在したとしても、それは精神的紐帯であり、政治体制ではない。	2005	93	42	176
	◎	**・古墳には追祭祀が行われ「墓戸」も設置された。**	**2006**	**132**		
	◎	**・古墳の墳丘は時によって拡大され、縮小された。**	**2006**	**133**		
	○	・葛城長江襲津彦は葛城で長江を築造したヒコである。	2006	134		
	○	・実在したアメノウズメ　――宮崎県百足塚古墳――	2006	135		
古代	○	・奈良盆地の現条里景観は平安時代末のものである。 6．7世紀に初期方画地割が開始されたが、広域に実施されたのは12世紀の武士胎頭期である。	1982	136		
	○	・『播磨風土記』の中の神名は近畿南部・東海11、山陰26、四国と吉備9で圧倒的に播磨と出雲世界との関係が強調されている。 考古資料では加西市周遍寺山の四隅突出型墓や姫路市長越遺跡など	1985	137	17	185

時代	評価	新説・奇説	初出文献		再録文献	
			発行年	番号	番号	頁
古代		の山陰系土器などが指摘できる。筑紫とは住居型と鏡、阿蘇石の石棺でつながる。				
	○	・奈良県上之宮遺跡の木簡は6世紀後半の可能性がある。	1987	138	17	162
	○	・岸俊男説　藤原京をとりこむ「大藤原京」	1988	139	17	169
		1979年、橿原考古学研究所による橿原市葛本遺跡で従来、京外とされていた地域から藤原京条防に一致する交差道路跡が検出され、大藤原京と仮称した。	1991	47	17	84
	○	・蘇我馬子邸とされている飛鳥・島之庄遺跡の一画にある川跡の石組は「神仙郷・吉野だ」という森　蘊先生の指摘は重要だ。	1988	139	17	168
	○	・仏教寺院は原色の世界である。	1991	47	17	81
	○	・7世紀の宮殿建築は白木造りで、伊勢神宮に通じる。	1991	47	17	83
	△	・7世紀の飛鳥の宴で、新羅人のために東北の海鞘（ほや）が用意されたか。	1991	47	17	86、87
	○	・出雲国府周辺の岩船古墳と横穴群や筑波郡衙背後の佐渡ヶ岩谷古墳などの官衙と墳墓の立地は藤原京や平城京周辺の墳墓立地と共通する思想があるのではないか。	1991	47	17	90、91
	◎	**・7世紀の道路整備と壬申の乱のときの飛鳥寺の槻木広場への軍隊の結集からみて古代寺院は宗教施設であると共に軍事施設ではないか。**	**1991**	**47**	**17**	**93**
	○	・五島列島小値賀町の_島神社に伝わる「狗剣（こまつるぎ)」はヤマトタケル伝承を通じて平戸ー五島ー伊予ー吉備ー大和とつながる。	1999	91	34	268～271
	◎	**・蘇我蝦夷・入鹿は悪人ではない 『日本書紀』の悪人説で得をするのは誰か？ ──飛鳥の入鹿邸は谷間のせまい空間だった──**	**2006**	**141**		
中世	○	・中世墓は古墳を避けて造られている（昔の墓であることを知っていた）	1991	47	17	118
	○	・中世の貿易陶磁器は一般的な荘園集落（大和・興福寺大乗院領の纒向など）にも少量ながら普及していた。	1991	47	17	120
住居史	×	・田の仮屋と発掘建物。	1959	142	16	369～394
	○	・“クマソタケルの住居は穴屋”という喜田貞吉説は正しい。	1975	143	16	114
	△	・住居内に間仕切溝がある。	1975	143	16	4
	○	・弥生住居の屋内高床部（ベッド状遺構）は北部九州に多い。	1975	143	16	6
	△	・弥生中期以降、屋内土坑、屋外土坑、高倉の貯蔵三形態が併用された。	1975	143	16	10
	○	・カマドとカマド型土器セットは年代差ではなく、集団の差であろう。	1975	143	16	14
	○	・カマドの初現型と思われる類カマドは弥生後期に現れる。	1975	143	16	15
	◎	**・カマドの壁ぎわへの固定は、屋内の一辺が厨房区域となり、炉があった中央部は土間として活用されることとなった。**	**1975 1983**	**143**	**16 24**	**16 20**
	○	・炉とカマドの位置によって、穴屋の屋内区分使用法を推定し、年代差と地域差が指摘できる。	1975	143	16	18～24
	△	・住居の増改築と新築。	1975	143	16	25～37
	△	・住居面積構成。	1975	143	16	37～47
	△	・住居型の変遷。	1975	143	16	48～84
	◎	**・住居型の設定と略称（方4型・・・方形4本柱住居など）**	**1975**	**143**	**16**	**48**

時代	評価	新説・奇説	初出文献		再録文献	
			発行年	番号	番号	頁
住居史	△	・3世紀の住居型と地域性。	1981	152	16	266～299
	×	・東北南部から北陸の縄文時代の穴屋にある複式炉内の小穴は火種保存用だ・	1983	144	24	16～18
	○	・6世紀の関東の穴屋にはカマド横に食器棚があった。	1983	144	24	20、21
	◎	**・「掘立柱建物」は「礎石建物」と対になる建築史の用語で平屋、高屋に限って使用するのは間違いである。(穴屋も掘立柱だ)**	**1983**	**144**	**24**	**42**
	○	・柱穴内に礎板をもつ建物は立派ではなく軟弱な地盤への工夫にすぎない。	1983	144	24	44
	○	・雄略天皇が鰹魚木（かつおぎ）を上げている志貴の県主の家を焼き払ったという伝承は鰹魚木のある多くの家型埴輪によって建物の階層差を示すとは限らないことが分かる。 （＊円墳階層者が鰹魚木をあげる家に憧れたか）	1983	144	24	55
	○	・弥生・古墳時代には宅地を設け、継続的に使用している場合がある。	1983	104	15	70～75
	△	・6世紀の屋内カマドの普及は、消費単位としての戸の独立性を導き、徴税体制の整備につながった。	1984	104	15	162
	△	・竪穴住居内の日常容器の構成と場の設定。	1984	145	16	207～245
	○	・万葉人と住居。	1984	146	16	409～415
	○	・古代・中世の屋敷。	1984	147	16	416～427
	◎	**・移住した人々の住居。**	**1985**	**148**	**16**	**247～256**
	◎	**・弥生中期の二つの住居型（北牟田型と神辺型）、そして松菊里型の設定。**	**1985 1986**	**149 57**	**16 16**	**257～264**
	◎	**・火災住居の類型設定と意義。**	**1985**	**150**	**16**	**303～349**
	○	・「掘立柱建物」とは平地建物か高床建物とよぶべきだ。	1986	151	20	38
	×	・香川県善通寺市矢野塚遺跡のような弥生の平地か高床建物だけの遺跡は渡来人の村だ。	1986	151	20	39
	◎	**・福岡県今川遺跡の円2型住居（円形2本主柱）は韓国・松菊里遺跡の住居とまったく同型だ。**	**1986**	**151**	**20**	**50**
	◎	**・弥生社会にはホリウチ人とホリソト人の差があった。**	**1986**	**153**	**16**	**124,125**
	○	・再発見、2戸1組の縄文的弥生村があるとする水野正好説。	1986	153	16	125～127
	×	・弥生前期の方形住居は渡来人。	1986	58	20	38
	○	・再発見、竪穴住居の周堤と梯子の存在を指摘した喜田貞吉説。	1987	154	16	113,114
	△	・再発見、竪穴住居の間切り施設を指摘した和島誠一説。	1987	154	16	114
	△	・再発見、屋内高床部を寝所とする後藤守一説。	1987	154	16	116
	○	・屋内区分利用施設の類型と画期の設定。	1987	154	16	152～197
	◎	**・竪穴住居→穴屋（伏屋）、平地住居→平屋、高床住居→高屋への改称。**	**1990 1994**	**114**	**42 24**	**58 1～7**
	△	・前方後円墳の出現と共に壁が立ち、窓がある家が普及した。	1990	155	20	123
	○	・高屋にも炉・カマドは設置できる。	1990	114	42	63
	○	・屋根裏の懸垂壺による貯蔵がある。	1990	114	42	63
	◎	**・公的貯蔵は高倉群、ムラの貯蔵は1・2棟の高倉、個人貯蔵は屋根裏で行われていた。**	**1990**	**114**	**42**	**63**
	○	・屋内高床部（ベッド状遺構）は多目的であり、せまいのはベンチだ。	1990	114	42	63
	○	・建物の壁には板壁・草壁・桟壁などがある。	1990	114	42	72
	△	・床高が50センチ程度の高屋は「半高屋」と仮称する。	1990	114	42	60

時代	評価	新説・奇説	初出文献		再録文献	
			発行年	番号	番号	頁
住居史	◎	**・壁のない吹放ちの家形埴輪は非住居の祭儀用建物か。**	**1992**	**118**	**42**	**143**
	△	・茨城・舟塚古墳の家形埴輪はログハウスの可能性がある。	1992	119	42	148
	○	・埼玉・塚本山15号墳などの煙突のある家形埴輪は工房の覆屋か。	1992	119	42	150
	○	・６世紀後半には製塩集団の律令的編制が進められていた。	1993	121	42	19
	◎	**・弥生・古墳集落には家地がある。**	**1993**	**156**	**24**	**152～168**
	○	・縄文前期に中国風の平屋があった（山形県押出遺跡）	1993	157	24	184
	○	・縄文前期から高楼があった（長野県阿久遺跡）	1993	157	24	187
	○	・大和に弥生楼閣が建っていた。	1993	157	24	190
	○	・奈良県佐味田宝塚古墳の家屋文鏡に描かれている板壁は柱の縦溝に板を落としこむ板校倉の可能性がある。	1993	158	24	202
	○	・韓国・金官伽耶の大成洞古墳群にある丸太横組木槨墓は正倉院校倉の源流である。	1993	158	24	211
	◎	**・弥生社会にはおそらく新田開発のための計画集落があった。それは弥生後期に活発化し、古墳早期に拡大している。**	**1995**	**52**	**24**	**147**
	△	・群馬県黒井峯遺跡で示された穴屋＝冬の家、平屋＝夏の家説は可能性が高い。	1995	159	24	216
	◎	**・奈良県佐味田宝塚古墳の家屋文鏡の衣笠がある２棟の建物（伏屋と高屋）はセットで一つの機能をはたしている。**	**2001**	**32**		**13,14**
海外と日本	△	・パキスタン、タキシラ考古学博物館には前２～１世紀の鉄製三角鏃が並んでいた。断面三角形の鏃は、従来、北方ユーラシア文化と考えられており、２世紀の兵庫県会下山遺跡などにあるが、より広い地域に系譜をたどるべきだろうか。	1995	161	40	189,190
	○	・パキスタン、ペシャワル博物館に「釈迦の相撲」図がある。古墳には狩猟埴輪群の先頭に力士埴輪が立つ。	1995	161	40	190,191
	△	・前3000～2000年のイランの壺に描かれている花形輪状文は６世紀の福岡県王塚古墳や奈良県鳥土塚古墳の文様と同じで、祖型は太陽信仰であろう。	1995	161	40	201
	△	・前９世紀のシリア、グズナ遺跡に「見返りの鹿」が描かれている。「見返りの鹿」の民話はシリアの古いキリスト教徒や海南島リー族にあり、日本では島根県平所の埴輪として登場する。	1995	161	40	202
	×	・聖徳太子とクレオパトラは、同じギリシャ神話を聞いた。 ーローマ皇帝マルクス・アウレリウスの舌出しメドウサ像と斑鳩・藤ノ木古墳の舌出し鬼面ー	1995	161	40	205,206
	△	・ペルーのインディオの村アトコウヤの宅地の庭には台石の上に石棒が立っていた。縄文石棒の使用法を想起。	1997	162	40	236
	△	・中国、貴州省博物館の銅鼓舞の絵から『魏志・韓伝』の「鐸舞」と日本の銅鐸のまつりを思う。	1997	163	40	60
	○	・中国、雲南省西双版納（シーサンパンナ）のタイ族の高床住居には出入口の階段、部屋、炉がそれぞれ男女別につくられている。	1997	163	40	66
	△	・中国、雲南省橄欖_（かんらんは）の竜船競争のリーダーは銅鼓の羽人とよく似た羽根を飾っていた。	1997	163	40	67、68
	△	・同上、竜船競争の勝者をたたえ、長鼓や木刀をもって踊りまくった様は、弥生・古墳時代の木製刀剣を思わせた。	1997	163	40	70
	△	・中国、四川省涼山イ族の「神明裁判」は日本古代の「盟神探湯」	1997	163	40	72

時代	評価	新説・奇説	初出文献		再録文献	
			発行年	番号	番号	頁
海外と日本		（くがたち）と共通する。				
	×	・同上の女性のマント姿は弥生絵画の人物図とそっくりだ。	1997	163	40	74
	○	・中国、雲南省ロココ湖畔のモソ族は母系社会で父という言葉がない。父はおじさんと呼ばれ母（妻）と一緒に住まず「夫婦処を異にす」（魏志倭人伝）の世界だ。そして、成人式は男女とも13才で卑弥呼の宗女・壱与が女王になった年令と同じだ。	1997	163	40	79
	△	・フィリピン国立博物館の「人が死んだときに舟に乗せて天国におくる用具」というスル諸島の舟形木製品は京都府金谷の舟形木棺や千葉県大寺洞穴の舟葬などと共通する。	1999	164	40	102
	◎	**・フィリピン、ルソン島の高倉に彫刻された女性像と男根は奈良県唐古鍵遺跡の高倉に登る男女を類推させる。**	**1999**	**164**	**40**	**118,119**
	×	・フィリピン、ルソン島の民家の中の高倉は、弥生・古墳時代の穴屋中央の四本柱が高倉の支柱である可能性を考えさせる。	1999	164	40	124
	◎	**・フィリピン、ラオアグ国立博物館の木棺には弥生木偶と同形の木像が立っている。方形周溝墓出土木偶の用途を想起。**	**1999**	**164**	**40**	**126**
	○	・インドネシア、スンバ島ワインターバル村の伝統的民家の屋上のカミの部屋には稲籾が入った大籠と壺があった。	1999	164	40	134
	△	・同上の村は丘陵上にあり、環濠をもつが、それは「かって戦争があったから」つくったが「今は、豚が逃げない役になっている」という。	1999	164	40	133
	◎	**・同上のレダ家の住居は尾根を支える柱に接して床束があり、床を支えている。弥生・古墳時代の穴屋の2ヶ1組の柱穴は、穴屋上に高屋が建っていた可能性がある。**	**1999**	**164**	**40**	**141,142**
	△	・インドネシア、バリ島の博物館の中庭で、高い椅子に蓋（きぬがさ）をさしかけてまつっていた。京都府ニゴレ古墳や群馬県赤堀茶臼山古墳の椅子形埴輪は、被葬者のシンボルとして祀られていたことを考えさせる。	1999	164	40	143
	○	・パプアニューギニア、ハイランド地方のカビ村の入口付近の木枝に豚の下顎骨がかけてあった。19世紀の記録では、人間の下顎骨が尊重されており、その風習が豚に及んだらしい。それは、弥生のイノシシ下顎骨を祀る佐賀県菜畑などの類例につながる。	1999	164	40	148,149
	△	・パプアニューギニア、セピク川流域には、村ごと一家だが家長の家がない村がある（複数の奥さんの家が個別にあり、すべてが家長の家）	1999	164	40	150
	◎	**・イースター島・フィリピン・バタン島・北欧バイキングなどの海洋民は大事な船を住居、墓、祭場の基本形としている。**	**1999**	**164**	**40**	**150**
	△	・インド、ナーガランド州の焼畑地帯に点在する作業小屋は「離れ国分」と俗称された関東丘陵地帯の平安時代の離れ小屋の機能を想像させた。	1999	164	40	174
	△	・同上、チュイ村の70才ぐらいの男性は、縄文時代と同形の滑車型耳飾りをつけていた。	1999	164	40	176
	△	・2・3世紀のベトナムのコーロア城などの環濠集落は弥生集落と共通する。	2000	165	40	94、95
	×	・ベトナムの丸い籠舟は『日本書紀』の「無目籠（まなしかたま）」や佐渡のたらい舟などと類似する。	2000	165	40	95、96

時代	評価	新説・奇説	初出文献		再録文献	
			発行年	番号	番号	頁
海外と日本	○	・ベトナム・ホイアンの日本人墓は在地型であり、墓上施設はベトナム人そのものだ。	2000	165	40	98
	○	・韓国、ウッルン島には舟形の横穴石室がある。	2004	166	40	44、45
	○	・北朝鮮、安岳３号墳の舌出し鬼面や同、薬水里古墳の守衛像などは、斑鳩・藤ノ木古墳の鞍金具文様のルーツだ。	2004	167	40	48、49
	×	・6000年前、山形に中国人が来た。ー縄文前期、押出遺跡の平屋ー	2004		40	12
	×	・5000年前、青森にアメリカ先住民が来た。ー縄文中期・三内丸山遺跡の高楼ー	2004		40	13、14
	△	・イランに出雲大社神殿と類似の大柱を束ねた建物がある。	2004	40		22

【新説・奇説】掲載文献目録（行頭の数字は表の文献番号）

1 一九六四『会下山遺跡』（共）芦屋市教育委員会（一九八五、再版）
2 一九六八『摂津加茂』『関西大学考古学研究報告』（共）三
3 一九七六『纒向』（編著）桜井市教育委員会（一九七七、一九七八，一九八〇，一九九九、二〜五版）
4 一九七九『縄文時代の兵庫』兵庫考古学研究会
5 一九八五『古墳文化出現期の研究』学生社（二〇〇一、再版）
6 『古墳の編年を総括する』（編著）季刊考古学、一〇
7 一九八六『日本史・空から読む』（編著）日本航空写真文化社
8 『三世紀の九州と近畿』（共）河出書房新社
9 一九八七『古墳発生前後の古代日本—弥生から古墳へ』（共）大和書房
10 『弥生人の四季』（共）六興出版
11 一九八八『古墳はなぜつくられたか—倭王権形成史の再検討』（共）大和書房
12 『大和の考古学50年』（編著）学生社
13 一九八九『藤ノ木古墳とその文化』（共）山川出版社
14 『弥生の巨大遺跡と生活文化』（共）雄山閣
15 一九九〇『古墳時代史』雄山閣出版（一九九三、二〇〇五、二・三版）
16 『日本原始・古代住居の研究』吉川弘文館（一九九七、四版）
17 一九九一『古代近畿と東西交流』学生社
18 一九九二『古墳の形の謎を解く』（編著）季刊考古学、四〇
19 一九九三『古墳時代の研究』一〜一三巻、（共編）雄山閣（一九九〇〜一九九三）

（1．第一巻、2．第二巻、3．第三巻、4．第九巻）
20 一九九四『古代大和へ、考古学の旅人』雄山閣
21 『対論　銅鐸』（共）学生社
22 一九九五『全国古墳編年集成』（編著）雄山閣
23 『前期古墳とその時代』（編著）季刊考古学、五二
24 『古代住居のはなし』吉川弘文館（二〇〇六、再版）
25 一九九六『古代の海の道』（編著）学生社
26 『弥生人の鳥獣戯画』（共）雄山閣
27 一九九八『弥生時代の考古学』（共編）、学生社
28 『前・中期古墳の被葬者像』（編著）季刊考古学、六五
29 『対談集　万葉からいのちの流れ、自然と人間の共生』（共）橿原市
30 一九九九『前方後円墳の出現』（編著）季刊考古学、別冊八、雄山閣
31 『後・終末期古墳の被葬者像』（編著）季刊考古学、六八
32 二〇〇一『邪馬台国の考古学』吉川弘文館（二〇〇三、再版）
33 『唐古・鍵遺跡の考古学』（共）学生社
34 二〇〇二『邪馬台国と古墳』学生社
35 『女王　卑弥呼の祭政空間』（編著）恒星
36 二〇〇三『初期古墳と大和の考古学』（編著）学生社（二〇〇四，再版）
37 『古代近畿と物流の考古学』（編著）学生社（二〇〇四、再版）
38 『三輪山の考古学』（共）学生者（二〇〇六、再版）
39 『古代葛城と大和政権』（共）学生社

40 二〇〇四『アジア民族建築見てある記』小学館
41 二〇〇五『大和・纒向遺跡』（編著）学生社
42 二〇〇六『古墳時代を考える』雄山閣
43 『邪馬台国時代のツクシとヤマト』（共）学生社
44 『三角縁神獣鏡・邪馬台国・倭国』（共）新泉社
45 一九五八「畿内晩期縄文時代研究の沿革」史泉九、関西大学史学会
46 二〇〇三「一九五〇年代、縄文・弥生移行期の研究」
『橿原考古学研究所論集一四』八木書店
47 一九九一「東西交流の接点『古代近畿』」学生社
48 一九八八「橿原遺跡」
49 一九九三「縄文高楼・弥生楼閣」『公立埋文協会報』十
50 一九九九「縄文人の太平洋航路」『ふたかみ史遊』一八
51 二〇〇四『畿内弥生像の再検討』考古学研究会
52 一九九五「弥生の計画集落」
53 一九七三「二、三世紀の高城と水城」『古代学研究』六八
54 一九八三「畿内」『三世紀の考古学』下巻、三四六頁、学生社
55 「三世紀の北部九州と近畿」『季刊邪馬台国』一七―一七
56 一九八五「西日本・弥生中期の二つの住居型」『論集　日本原史』吉川弘文館
57 一九八六「縄文から弥生へ」『日本の古代』四、中央公論社（北牟田型を松菊里型と改称）
58 「弥生人の住居と集落」『日本の古代』四、中央公論社
59 一九八八「文化の十字路　近畿」『図説検証原像日本』三、五三頁、旺文社

60 一九九四「大地に刻まれた日本古代の建物」『つち』一八―三（建設省）労働基準調査会
61 「古墳・集落と騎馬民族」『歴史と旅』二一―一九、秋田書房
62 一九九五「邪馬台国時代の丹後」『鏡が語る古代弥栄』
63 一九九六「居館と祭祀」『歴史と旅』二三―六、秋田書房
64 「高地性集落と環濠集落」『戦後五十年総まくり、アサヒグラフ』
65 一九九九「弥生の積石塚？―香川県成重遺跡」『ふたかみ史遊』一九
66 二〇〇〇「東北アジア積石塚の中の八丁鎧塚古墳」
『八丁鎧塚古墳』長野県須坂市教育委員会
67 二〇〇二「弥生の鍛冶炉か仙薬か―穴屋床面の円形焼土面」『ふたかみ史遊』二八
68 一九七八「古墳の発生」『歴史公論』三月号
69 一九八九「古墳時代の但馬」『但馬史研究』一二
70 一九九〇「邪馬台国のイメージ」『毎日放送社報』四一一
71 一九九一「卑弥呼の外交と宮室」『古代合衆国　九州』九州歴史大学講座
72 一九九一「総論　生活と祭祀」『古墳時代の研究』三、雄山閣
73 一九九五「前期古墳の新事実」『季刊考古学』五二、雄山閣
74 一九九七「三輪山周辺の三世紀の大型古墳と信仰」
『別冊歴史読本　日本古代史　神々の遺産』新人物往来社
75 一九九八「邪馬台国は見えてきたか」『歴史と旅』二五―一八
76 一九九九「中平銘鉄刀と古墳」『市民の古代』一八
77
78 二〇〇六「金印と中平銘鉄刀」『ふたかみ史遊』三一

79一九七二「奈良県纒向遺跡の調査」『古代学研究』六五
80一九九九「やっぱり纒向石塚古墳は古かった」『青陵』一〇一
81二〇〇二「卑弥呼登場」
82一九八一「畿内」三六八頁、追記『三世紀の考古学』下巻、学生社、一九八三
83一九八四「古墳の変質」『季刊考古学』七、雄山閣
84一九八二「古墳の出現」『季刊考古学』一、雄山閣
85一九八四「古墳出現期の播磨」『竜野市史』三、付録
86一九八七「大和における前方後円墳の起源」『月刊奈良』二七—一
87一九八八「古墳時代前期の厚甕と薄甕」『網干善教先生華甲記念考古学論集』同刊行会
88一九九三「科野の出現期古墳」『長野県考古学会誌』六九、七〇
89二〇〇六「三角縁神獣鏡の副葬位置と年代」
90一九九九「三・四世紀の会津と大和」『森北古墳群』創価大学、会津坂下町
91「古代大和と五島列島」『風土記の西海・五島列島文化』長崎県小値賀町
92二〇〇〇「大和ホケノ山古墳と東部瀬戸内の早期古墳」
『東アジアの古代文化』一〇五、大和書房
93二〇〇五「長突円墳（前方後円墳）は大和王権の政治的記念物か」
『季刊考古学』九〇、雄山閣
94一九六二「兵庫県家島群島の後期古墳」『家島群島』神戸新聞社
95一九七一「兵庫県宝塚市長尾山古墳群」兵庫県埋蔵文化財集報
96一九七八「芦屋の遺跡とヒト」『あしや文化財短信』芦屋市教育委員会
97一九八二「相対編年と暦年代」『季刊考古学』一、雄山閣

98 一九八八「古墳立柱」『斉藤忠先生頌寿記念　考古学業考』同刊行会

99 一九八二「前期大型古墳の展開」『季刊考古学』一、雄山閣

100 一九八三「祭祀と王権」『季刊考古学』三、雄山閣

101 「五世紀の地域勢力」『季刊考古学』四、雄山閣

102 「五世紀の地域性」付表、『季刊考古学』四、一〇二頁、雄山閣

103 「祭祀と王権」『季刊考古学』二、雄山閣

104 「五世紀の変革」『季刊考古学』三、雄山閣

105 一九八四「古墳の終末」『季刊考古学』九、雄山閣

106 一九八五「古墳編年の展望」『季刊考古学』十、雄山閣

107 「長野県弘法山古墳の検討」『信濃』三七―四

108 一九八六「石見の鳥」『青陵』五八

109 「回想・宝塚市長尾山の古墳調査」『たからづか』三、宝塚市

110 一九九二「民と王の狩猟儀礼」『考古学と生活文化』同志社大学

111 「藤ノ木古墳発掘余話」『別冊　文芸春秋』

112 「〝掘り屋〟冥利、古代のナゾ解き」『日本経済新聞』

113 一九八九「弥生墳丘墓と吉野ヶ里・王族墓」『読売グラフ』

114 一九九〇「集落と居館」『古墳時代の研究』二、雄山閣

115 「纒向新編年への所見と外来系土器」
『纒向第五版、補遺』橿原考古学研究所付属博物館

116 「奈良県藤ノ木古墳」『斑鳩藤ノ木古墳　第一次調査報告』斑鳩町教育委員会

117 「報告書『纒向』以後の調査成果と新知見」

『大和考古資料目録』一八、橿原考古学研究所付属博物館
118 一九九二「形象埴輪と装飾古墳」『古墳時代の研究』九、雄山閣
119 「楼閣絵画のある弥生都市」『東アジアの古代文化』七三、大和書房
120 一九九二「古墳の形が意味するもの」『季刊考古学』四〇、雄山閣
121 一九九三「総論・古墳時代」
122 「古墳を造る」『日本の歴史館』小学館
123 「土器の移動が意味するもの」『転機』四
124 一九九四「古墳・集落と騎馬民族」『歴史と旅』二一―一九、秋田書房
125 一九九五「前期古墳の新事実」『季刊考古学』五二、雄山閣
126 一九九八「古墳の被葬者」『季刊考古学』六五、雄山閣
127 一九九九「三～五世紀の導水施設と糞尿」『東アジアの古代文化』一〇〇、大和書房
128 「三世紀の土器移動の背景」『庄内式土器研究』二〇
129 二〇〇〇「奈良県纒向石塚古墳、墳丘盛土内の土器群に対する評価」
『古代学研究』一五〇
130 「生目古墳群と大和」『浮かびあがる宮崎平野の巨大古墳』宮崎市教育委員会
131 一九八四「六世紀の社会」『季刊考古学』六、雄山閣
132 二〇〇六「陵戸と墓戸」『ふたかみ史遊』三〇
133 二〇〇六「墳丘の拡大と縮小」『ふたかみ史遊』三三
134 「『葛城長江』と宮山古墳」『ふたかみ史遊』二六
135 「おどる埴輪のナゾ」『中日新聞』二〇〇六、八、二一号
136 一九八二「古代方角地割の整備」

『考古学と古代史』一五九～一六六頁、同志社大学考古学研究室
137　一九八五「播磨の中の出雲と筑紫」『兵庫史の研究』
138　一九八七「桜井市『上之宮』と六世紀の豪族居館」『奈良県観光』三七二
139　一九八八「磯城・磐余そして飛鳥」『奈良県観光』三七五
140　一九八四「シンポジウム『古墳出現期の地域性』によせて」関東三県シンポ
141　二〇〇六「歴史の黒幕はだれか」『中日新聞』二〇〇六、八、一八号
142　一九五九「琵琶湖東地域のホシ小屋」『考古学雑誌』四五―二
143　一九七五「考古学からみた古代日本の住居」『家』社会思想社
144　一九八三「日常の住居建築」『古代日本の知恵と技術』大阪書籍
145　一九八四「古代住居の日常容器」『橿原考古学研究所　論集』六、吉川弘文館
146　「万葉人と住居」『万葉集の考古学』筑摩書房
147　「古代・中世の屋敷」『日本のすまいの源流』文化出版局
148　一九八五「移住した人々の住居」『考古学と移住・移動』同志社大学
149　「西日本における弥生中期の二つの住居型」『論集　日本原史』吉川弘文館
150　「古代火災住居の課題」『末永先生米寿記念献呈　論文集』同刊行会
151　一九八六「弥生人の住居と集落」『日本の古代』四、中央公論社
152　一九八一「住居型と地域性」『三世紀の考古学』中巻、学生社
153　一九八六「西日本のムラの営みと変貌」『日本の古代』四、中央公論社
154　一九八七「研究史　竪穴住居の屋内区分利用」『横田健一先生古希記念文化史論叢』創元社
155　一九九〇『博物館・美術館』八八、佐賀県立博物館

156　一九九三「弥生・古墳時代の家地の成立と展開」『浜松市博物館報』五
157　「建築からみた渡来人の波」
『歴史探究講座　日本人のルーツを探る』四、日本通信教育連盟生涯学習局
158　「正倉院建築の系譜」『関西大学考古学研究室開設四〇周年記念　考古学論叢』
159　一九九五「環濠と住居」『古代の環境と考古学』古今書院
160
161　一九九五「インダスの鉄製三角鏃と相撲像、そしてバザール」
『ふたかみ』三、香芝市二上山博物館
162　一九九七「ペルーの遺跡と民家」『堅田直先生古希記念論集』
163　「中国、貴州・雲南省の民家と竜船競争」
『かしこうけん友史』一、橿原考古学研究所友史会
164　一九九九「フィリピンの遺跡と民家」『ふたかみ』七、香芝市二上山博物館
165　二〇〇〇「ベトナム考古点描」『日越考古学』一、昭和女子大学
166　一九九九「三世紀後半・纒向に何かがおこった」『ふたかみ史遊』一七
167　一九九〇「纒向遺跡と初期ヤマト政権」『東アジアの古代文化』六三、大和書房
168　一九七六「大和平野東南部における前期古墳群成立過程と構成」
『横田健一先生還暦記念日本史論叢』同刊行会